EDMOND ROUSSE

DISCOURS

ET

ÉTUDES DIVERSES

ÉTUDES DIVERSES
PRÉFACE AUX DISCOURS DE M. CHAIX-D'EST-ANGE
NOTICE SUR CHARLES SAPEY
DISCOURS DE RENTRÉE 1871

PARIS

IMPRIMERIE GÉNÉRALE, A. LAHURE

9, RUE DE FLEURUS, 9

1880

ÉTUDES DIVERSES

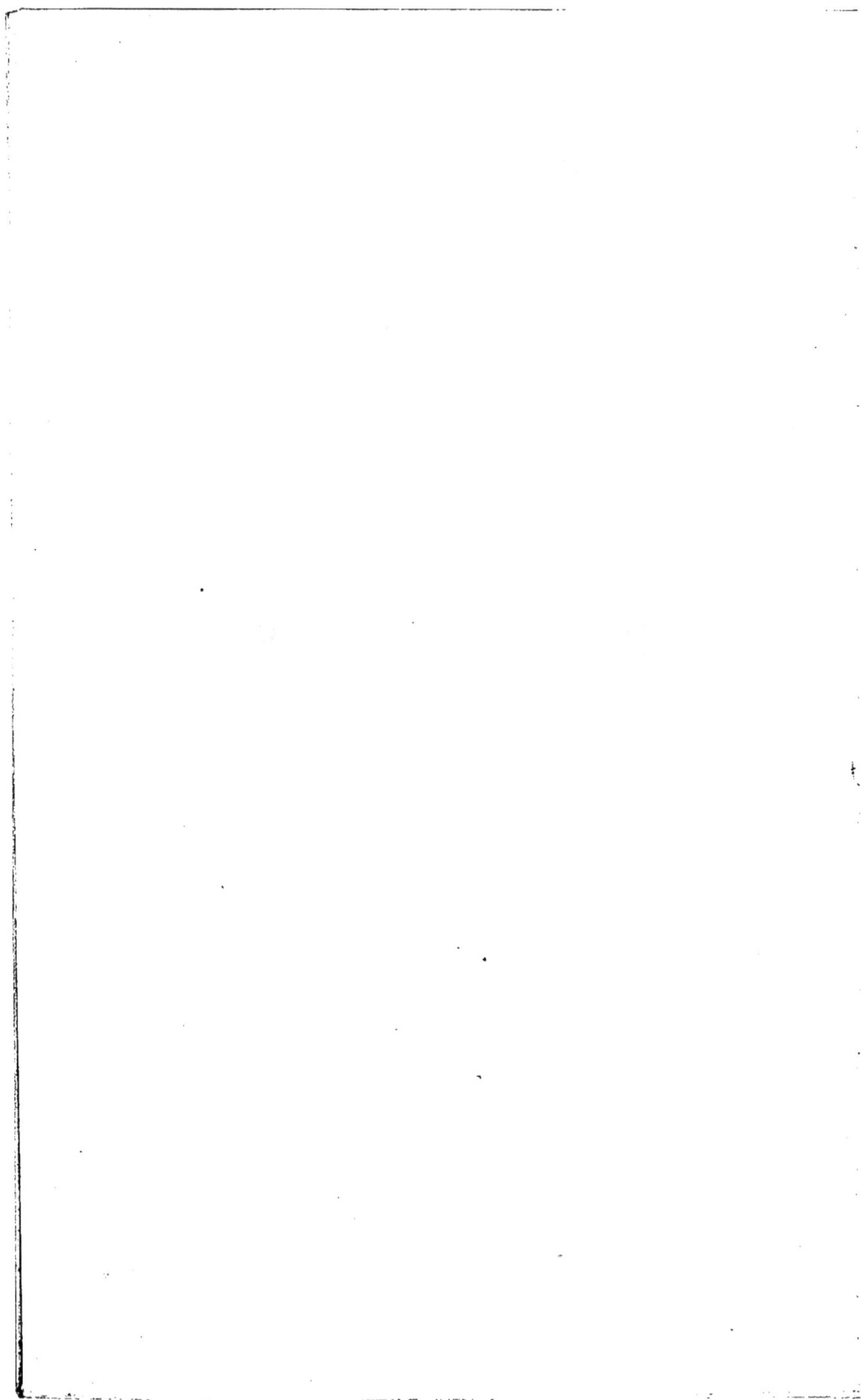

LES

MANIEURS D'ARGENT

ÉTUDE

PUBLIEE DANS LA *GAZETTE DES TRIBUNAUX*

DU 13 NOVEMBRE 1857

SUR LE LIVRE

DE M. OSCAR DE VALLÉE

AVOCAT GÉNÉRAL A LA COUR IMPÉRIALE DE PARIS

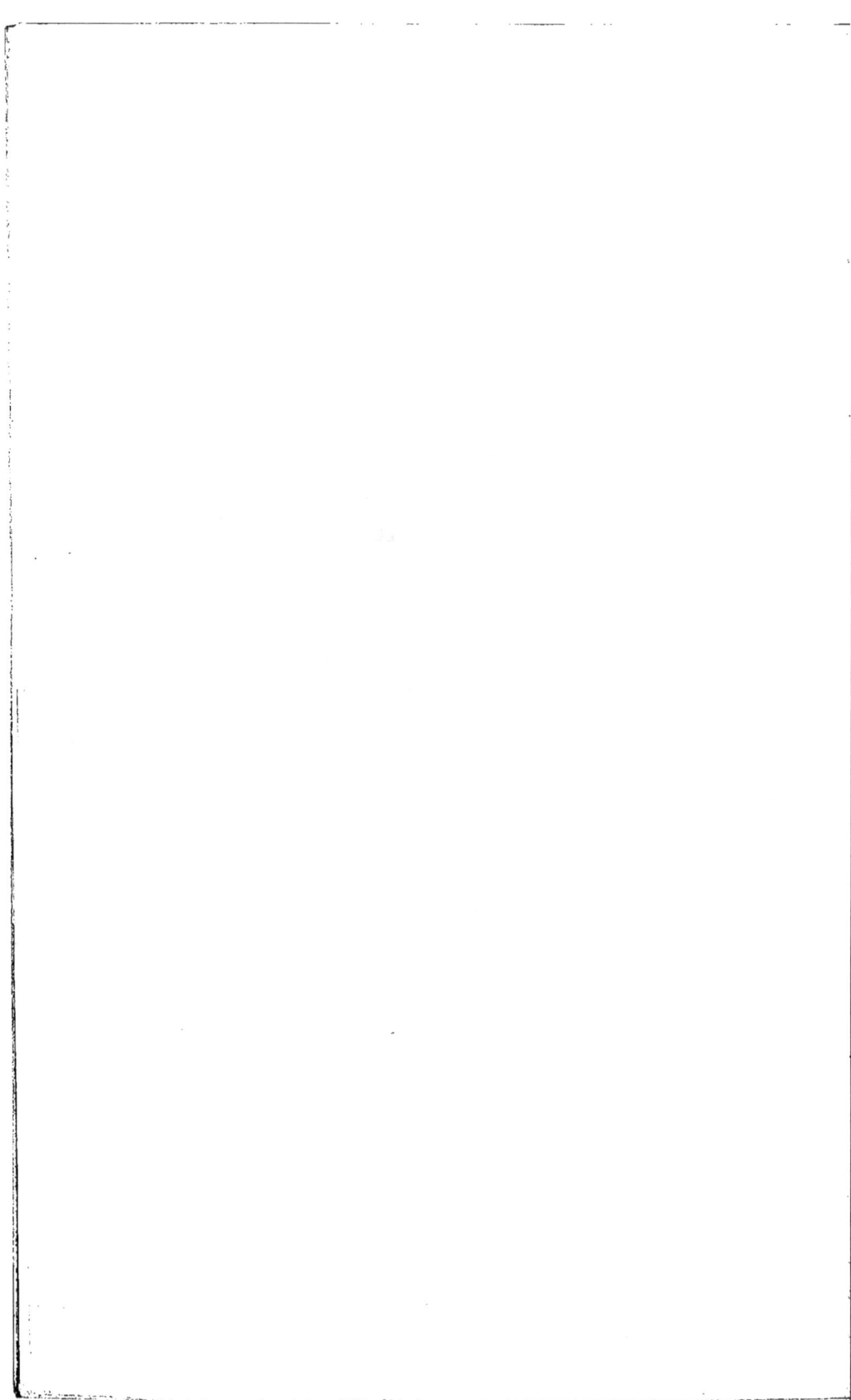

LES

MANIEURS D'ARGENT [1]

L'année dernière, M. de Vallée a publié un livre
plein d'intérêt sur l'éloquence judiciaire au dix-
septième siècle et sur la vie d'Antoine Lemaistre. On
pouvait dire de cette étude remarquable, malgré ses
défauts, ce que M. de Vallée disait lui-même avec
justesse de l'époque troublée et puissante où il avait
pris son sujet : « Il y a de la grandeur dans l'air. »

Ce qui avait de la grandeur, dans ce dix-septième
siècle en sa jeunesse, c'étaient moins encore les événements que les caractères. En toutes choses, le but

---

1. *Les Manieurs d'argent*, études historiques et morales (1720-1857),
par M. Oscar de Vallée, avocat général à la Cour impériale de Paris. —
3ᵉ édition ; chez Lévy frères.

de la vie était placé très loin et très haut. Jamais la
gloire humaine n'avait fait tourner plus de têtes;
mais jamais aussi l'homme, dans ses succès ou dans
ses revers, n'avait paru plus au-dessus de la fortune.
S'il y avait des ambitions ardentes, il y avait des abdi-
cations généreuses et des renoncements héroïques.
Tout le monde connaît, aujourd'hui mieux que jamais,
ces hommes à l'âme tendre, ces femmes au cœur viril,
qui, dans la poursuite des plaisirs ou de la gloire,
s'arrêtaient tout à coup, se détournaient comme s'ils
s'étaient trompés de route, et s'en allaient chercher
dans la retraite l'idéale grandeur que le monde n'avait
pas su leur donner. Il semblait que ces âmes fortement trempées, après s'être essayées pendant un temps
dans la mêlée des affaires humaines, retrouvaient
leur droit chemin et leur pente en revenant à la solitude et à Dieu.

Parmi ces illustres dédaigneux, et un peu au second
plan, Antoine Lemaistre était un des plus dignes
sujets d'étude. Avocat à vingt et un ans, célèbre tout
de suite, entouré de toutes les séductions de la vogue
et des enivrements de la vraie renommée, tout à coup,
a vingt-neuf ans, dans le plein éclat de sa jeunesse
triomphante, il tourne le dos à l'éloquence, à la fortune, à la gloire, — et même au mariage. — Saisi
d'une contagion de famille, il va d'un pas résolu s'enfermer pour toujours à Port-Royal, dans cette thébaïde

de grandes âmes bourgeoises que peuplait déjà la forte race des Arnauld, que la mère Angélique animait de sa foi intraitable, où Pascal venait affermir sa croyance, et où devait grandir Racine enfant.

En étudiant Lemaistre, M. de Vallée s'est trouvé naturellement mêlé à cette société originale et vigoureuse. Il a vécu avec ces savants hommes de Port-Royal, austères comme des stoïciens, tenaces comme des moines, tout prêts à mourir grandement pour de petites causes, et à se faire martyriser pour des *formules* sous le regard irrité du grand roi. Il a vu de près cette haute bourgeoisie d'où sortait Lemaistre, intelligente, remuante, guerroyante et politique, où les pères se reposaient de la Ligue, tandis que les enfants grandissaient pour la Fronde, mais où le vent même des troubles civils entretenait comme une flamme vive de désintéressement, d'enthousiasme et de chevalerie roturière.

En quittant le dix-septième siècle et Port-Royal, M. de Vallée s'est mis à regarder ses contemporains : c'était pour nous une rude épreuve. Nous avons beau faire, chez nous le vent n'est pas à l'héroïsme, et les événements sont bien plus originaux que les caractères. M. de Vallée, même en s'y prêtant, aurait eu de la peine à sentir dans l'air cette grandeur morale qui le touche si fort : il aurait trouvé très peu

de ces âmes hautaines et droites, qui savent prendre
et quitter la fortune avec simplicité, très peu de ces
consciences intrépides qui arrêtent au passage, pour
les juger librement, les succès et les puissances de
ce monde. En toutes choses il se fait un courant ; chacun le suit, et Dieu sait où il mène souvent. Chaque
époque a son idée fixe et sa passion maîtresse qui
domine tout : c'est tour à tour la politique, la guerre,
la religion, la liberté, quelquefois la servitude. Notre
passion, dit hardiment M. de Vallée, c'est l'amour de
l'argent. Nous avons encore par intervalles, bien des
retours généreux et des distractions glorieuses ; mais,
au fond, c'est l'argent qui nous retient ou qui nous
ramène : non pas l'argent laborieux, conquête et prix
des longs efforts ; notre cupidité n'est pas celle de ces
peuples robustes qui, par le travail, les dangers ou
les aventures lointaines du commerce, savent donner
à l'avarice nationale un air si puissant et une si
fière tournure, qu'il la faut malgré soi respecter : —
c'est une avidité à la fois paresseuse et fiévreuse, que
rien n'assainit, que rien ne relève, qui tourne sur
elle-même dans les efforts d'une adresse impuissante
ou suspecte, et qui demande au hasard presque seul
ses chétives et mortelles émotions. — La richesse pour
but, l'agiotage pour moyen, les manieurs d'argent
pour guides et pour maîtres, voilà, s'il faut en croire
M. de Vallée, nos malheurs et nos ennemis : il les
dénonce avec un talent plein de vigueur.

« J'ai trouvé, dit-il, dans les traditions de la magis-
« trature, des enseignements et des exemples. » C'est
vrai. Ce n'est pas la première fois que notre pays
passe par ces dangers de l'argent, et ce n'est pas la
première fois qu'un magistrat se fait écrivain pour
les signaler. En 1720, Law était au faîte de la puissance : le Régent avait remis dans ses mains la liqui-
dation accablante du grand siècle ; il portait le fardeau
avec une effroyable aisance. Soit que son audace l'aveu-
glât sur les dangers, soit que sa sagacité écossaise lui
eût dit que dans les affaires désespérées on peut
impunément tout oser, il sembla ne voir dans les
désastres de la France qu'un vaste sujet d'expériences
financières, avec une occasion de fortune et une chance
de gloire. Nous sommes au temps des réhabilitations,
et celle de Law est aujourd'hui dans bien des bou-
ches : mais il est au moins permis de faire remarquer que les seuls souvenirs populaires qui soient
restés de son entreprise, c'est l'effronterie des moyens,
l'extravagance de l'engouement, et une ruine immense
qui a eu toute la mauvaise grâce d'une déconvenue.
Ce dernier trait tout seul devrait donner à penser, car,
dans notre pays surtout, c'est beaucoup d'avoir à la
fois contre soi l'insuccès et le ridicule.

De quelque façon qu'on le juge, Law a eu le malheur de nous faire courir une des aventures les plus
absurdes de notre histoire. La furie française, en se

jetant sur la spéculation et sur l'argent, devait néces-
sairement donner au monde une pitoyable comédie.
Ce qui prête quelquefois à l'avarice je ne sais quel air
imposant, c'est qu'elle se montre mystérieuse et maîtresse d'elle-même; qu'elle calcule froidement ses
chances, jouit en silence de ses profits, et subit ses
revers avec un semblant de fermeté. Mais la cupidité
qui se mêle à des ardeurs de sang juvéniles, qui se
jette sur des amorces dorées avec des joies d'enfant,
qui jouit avec une insolence turbulente, et qui s'ar-
rache les cheveux quand viennent les revers ; ce n'est
qu'un spectacle honteux et risible; c'est justement
celui que la France a donné sous le règne de Law,
et c'est là, sans compter le reste, ce dont elle lui doit
garder une éternelle rancune.

Ce que nous ne devons pas oublier non plus, — et
M. de Vallée avait, plus que personne, le droit de le
rappeler, — c'est qu'au plus fort des triomphes du
système, quand Law, maître à la fois du pouvoir et de
l'opinion, était nommé du même coup contrôleur
général des finances et marguiller de Saint-Roch,
quand des duchesses faisaient émeute à sa porte pour
baiser le bout de ses manchettes, et quand les bourgeois de Paris encadraient dans leur salle haute,
comme des dieux domestiques, les images peu vêtues
des sauvages du Mississipi, — le Parlement seul, gardant son sang-froid, protesta jusqu'à la disgrâce et

jusqu'à l'exil, et que le seul écrit libre qui s'éleva du sein de cette corruption publique fut signé par le chancelier d'Aguesseau.

C'est ce « *Mémoire sur le commerce des actions,* — « ce grand réquisitoire contre l'agiotage », dont M. de Vallée a fait le fond et le texte de son livre. Jamais curiosité historique n'a été mise en lumière avec plus d'à-propos. Il faut voir avec quelle bonhomie sincère d'Aguesseau entre dans son sujet : il est à son château de Fresnes, relégué, à deux lieues de Paris, dans un de ces exils supportables de l'ancien régime qui n'étaient souvent pour les sages que des occasions profitables de recueillement. Il est las d'entendre la fanfare des charlatans, le bourdonnement des enrichis, ce jargon nouveau tout chargé de folles convoitises et de millions effrontés, le frôlement de ces papiers de finances qui volent de mains en mains avec un bruit inquiétant de feuilles sèches ; mais ce qui le tourmente surtout, c'est de voir des gens honnêtes et sensés d'habitude prêter les mains à ces folies. Alors il se recueille, il prend sa raison à deux mains, et il veut, une fois pour toutes, avoir le cœur net de ces nouveautés :

« J'entends agiter si souvent le célèbre problème
« de la justice et de l'injustice du commerce des
« actions de la Compagnie des Indes, que je succombe

« enfin à la tentation de l'approfondir autant qu'il
« m'est possible. Je ne veux qu'examiner en juris-
« consulte et en magistrat quelles peuvent être les
« règles de la justice sur une matière si singulière
« et si peu connue jusqu'ici. »

La Compagnie des Indes se serait bien passée de cette
fantaisie de d'Aguesseau ; car il n'y a rien de terrible
pour les causes douteuses comme ces grands esprits
tranquilles et justes, quand, ayant bien assuré leur
point de départ et leur but, ils se mettent à raisonner
tout droit devant eux, ne suivant que leur conscience
et la vérité. Ils ont en eux une règle sûre à laquelle
ils mesurent tout, et qui nivelle sans pitié les subtilités et les équivoques. L'intérêt privé n'a pas de retraites, l'égoïsme n'a pas de faux-fuyants, les morales de
convention n'ont pas de malentendus qui puissent
dérouter ces lumineuses raisons : la calme clarté pénè-
tre partout. D'Aguesseau reconnaît bien que le commerce a ses nécessités et ses libertés, mais à condition qu'elles ne prévaudront pas contre les règles
éternelles de la justice. Vendre plus cher qu'on
n'achète, c'est le commerce lui-même ; mais cela ne
veut pas dire qu'on puisse acheter à vil prix pour
revendre hors de prix. Vendre une chance est une
chose ; vendre une chimère en est une autre. En ces
matières, entre ce qui est honnête et ce qui ne l'est
pas, ce n'est ni une formule ni un chiffre qui mar-

quent la limite : la mesure infaillible est dans la conscience.

Un financier habile écrivait dernièrement que jamais personne n'avait pu lui donner une définition raisonnable de l'agiotage. C'est que sans doute il avait mal lu ces lignes de d'Aguesseau :

« L'agiotage signifie cette espèce de commerce de
« papier qui ne consiste que dans l'industrie et dans
« le savoir faire de celui qui l'exerce, par le moyen
« duquel il trouve le secret de faire tellement baisser
« ou hausser le prix du papier, soit en vendant ou
« en achetant lui-même, qu'il puisse acheter à bon
« marché et revendre cher... Il ne vend que pour
« acheter, il n'achète que pour vendre ; il trahit
« aujourd'hui l'intérêt commun des vendeurs, il
« trahira demain l'intérêt commun des acheteurs ; il
« se fait un intérêt à part et comme une balance de
« commerce qui n'est que pour lui, qui monte et qui
« descend à son gré ; il tend un piége aux hommes,
« soit qu'il vende ou qu'il achète... »

Et d'Aguesseau ne veut pas croire que cet art de tendre des pièges soit un art permis, ni surtout qu'on doive honorer dans une société bien réglée ; et il invoque, sans fausse honte, les égards, la tolérance, la charité qui, même dans les affaires d'argent,

doivent détendre et assouplir les rapports des hommes
entre eux... *Caritas humani generis*, comme disait
un païen.

Après avoir proscrit l'agiotage dans son principe,
d'Aguesseau le poursuit dans ses conséquences sociales. Il montre le scandale des fortunes faites en un
jour par un coup d'adresse ou de hasard, le luxe bâ-
tard qui les dévore, le dégoût du travail que fait
naître l'exemple de l'oisiveté enrichie, les désertions
qui déjà commençaient à faire le vide dans les professions laborieuses, l'abaissement chronique des caractères et de la pensée : puis, résumant d'un mot
son écrit, il finit par cette boutade contre les richesses
insolentes qui n'avaient pu tenter sa grande âme :
« C'est un bien qui n'appartient à personne, et qui
« par conséquent doit être rendu au public dans la
« personne des pauvres. » Cette conclusion violente
sent un peu la *chambre de justice*, et il ne la faut
prendre sûrement que comme une réminiscence de
quelque réquisitoire attardé ; mais, enfin, voilà où en
était d'Aguesseau.

Je laisse à penser la stupéfaction profonde que
cette morale d'il y a cent ans doit jeter aujourd'hui
dans bien des esprits. Je parlais tout à l'heure de curiosité historique : à coup sûr, le chariot d'un roi
chevelu s'arrêtant avec ses bœufs devant les tourni-

quets de la Bourse ne semblerait pas plus comique à
bien des gens que ce bon chancelier venant réclamer
pour le commerce des primes une juste cause, et con-
seillant d'avance la modération dans les reports, au
nom de la charité universelle. Une chose seulement
pourrait embarrasser un peu les habiles ; c'est que ce
moraliste arriéré s'est montré, au bout du compte,
un observateur plein de finesse qui, presque seul, a
senti venir la catastrophe du système au plus fort de
son triomphe, et que, sous ce magistrat routinier, il
s'est trouvé un capitaliste avisé, qui a laissé couler
tout le Mississipi sans avoir rien aventuré dans ses
voyages.

Tout en donnant l'analyse excellente et complète
du mémoire de d'Aguesseau, M. de Vallée ne l'accepte pas sans réserves. Cette grande morale si saine,
si chrétienne et si humaine lui semble par instants un
peu farouche : c'est commé le jansénisme de la raison. Mais il ne faut pas oublier que l'écrit de d'Aguesseau était un écrit de circonstance, et comme la gageure du bon sens d'un seul contre la folie publique ;
aussi le chancelier avait-il mis sa raison sur le pied
de guerre. Quand tout fléchissait autour de lui, ce
n'était pas le moment de rien céder : une seule
brèche aux principes, et le flot passait. Au milieu de
ce vent insensé, qui faisait trébucher les plus fermes,
il se cramponnait aux grosses branches pour ne pas

être emporté. De là quelque raideur peut-être, et cette pointe d'exagération que la polémique donne aux esprits le plus naturellement maîtres d'eux-mêmes.

En accouplant, à la première page de son livre, ces deux dates 1720-1857, M. de Vallée a-t-il cherché, de parti pris, dans les folies de nos pères, des allusions aux mœurs de notre temps? Je l'ignore; mais en lisant cette histoire, qu'il a si bien et si vivement retracée, les rapprochements sautent si vite aux yeux, les leçons se présentent avec un si cruel à-propos, qu'il aurait fallu trop de distraction pour les méconnaître et trop de discrétion pour les taire. Entre les deux époques, il y a des différences très sensibles, et l'auteur les signale en dix endroits; mais ce ne sont, suivant lui, que des variétés héréditaires du même mal, l'amour de l'argent, le culte de la chance et l'idolâtrie du succès. Il signale le danger, il nous adjure de ne pas le laisser grandir, et il indique les moyens de défense qu'il entrevoit.

Le livre de M. de Vallée a eu le plus désirable de tous les succès : il a été connu par des attaques avant de l'être par des éloges. Notre société est comme les malades qui n'aiment pas qu'on les dérange pour les guérir; elle s'en va tout doucement au jour le jour, avec ses petites habitudes malsaines, ses petites infirmités et ses petites iniquités, vers un lendemain qu'elle ignore et qu'elle serait bien fâchée de connaître : l'heure présente suffit à peine à son oisive activité. Épier le matin d'où vient le vent pour y tourner sa chance, prêter l'oreille à tous les bruits, interroger tous les augures, entendre et parler tout le jour une langue monstrueuse et mutilée, faite de barbarismes et de gros sous, régler les battements de son cœur sur les clameurs officielles de la *corbeille* ou sur les chuchottements tolérés de la *coulisse*, n'avoir qu'une peur : perdre, qu'une espérance : gagner; tendre et briser dans ces émotions vulgaires tous les ressorts de son âme immortelle, faire son compte en rentrant chez soi, arbitrer ses pertes, s'endormir à la hausse, rêver la baisse, et recommencer le lendemain, — qui oserait dire que dans ces dernières années, ce n'a pas été la seule affaire et le train de vie du plus grand nombre? — Mais si quelque fâcheux essaye de faire comprendre que ce n'est pas là vivre, que tout le bonheur n'est pas dans l'argent, tout le mérite dans la richesse, toute la morale dans le bien-joué, toute la littérature dans la cote des cours; que la vie a des horizons plus larges, l'âme des passions plus relevées, la société d'autres buts à poursuivre, et que, s'il y a une hiérarchie dans les vices, l'amour de l'argent est le dernier et le plus insensé de tous, — on écoute avec étonnement, puis on sourit avec dédain, et l'on passe en disant : « Que voulez-vous? c'est un Spartiate!... »

Spartiate! c'est le grand mot et la raison dernière. —
Si du moins, ne voulant pas être des Spartiates, nous
avions su rester des Athéniens!... — On a donc appelé
M. de Vallée Spartiate.

On lui a fait une bien autre querelle. Depuis d'Aguesseau et son mémoire, le monde a marché : l'homme a
engagé avec la nature des luttes dont la seule pensée
aurait épouvanté nos pères; il soulève la matière, il
la pétrit en masses gigantesques, il la fait voler, il la
fait parler, il lui prête sa pensée, qu'elle emporte en
un clin d'œil au bout du monde. Mais, pour faire
jouer ces formidables ressorts, on n'a pas encore
trouvé un levier nouveau : c'est toujours l'argent, le
vieil argent qui paye tout dans ce monde, les vices,
les vertus, la science le génie, le progrès; c'est l'argent qui transporte les montagnes ou qui les abaisse;
c'est l'argent qu'il faut rajeunir par le crédit, fécon-
der par la circulation, multiplier par l'association,
séduire par l'espoir des gros bénéfices. Si ces travaux
grandioses et coûteux sont la vocation providentielle, la
loi et le génie de notre siècle, pourquoi donc les arrêter en intimidant les capitaux qui doivent leur donner
la vie? Pourquoi discréditer, par des attaques imprudentes ou par des allusions téméraires, les financiers
qui *se dévouent* à ces grands efforts de la civilisation?
— Je ne veux pas ôter à M. de Vallée le plaisir de
répondre lui-même à ces critiques peu réfléchies ou

peu sincères; il le fait en des termes excellents dans
leur modération.

« Sans doute, il s'est fait de grandes choses dans ce
« siècle et dans ces derniers temps : sans doute nous
« avons nos succès comme les autres âges. A côté des
« merveilles intellectuelles dont se forme en partie la
« gloire de Louis XIV, nous pouvons placer les mer-
« veilles de notre industrie et les transformations
« inouïes que nous avons fait subir à la matière. J'en
« suis tout aussi fier qu'un autre et tout aussi heureux.
« Mais veut-on dire que tout cela ne se serait pas fait
« sans l'agiotage et sans l'improbité ? J'avais cru
« jusqu'ici que ces grands travaux, et pour ainsi dire
« ces grands exploits matériels de notre temps, pou-
« vaient s'accomplir sans cette vile escorte. Était-ce
« une illusion ? Je connais cependant des entreprises
« considérables où l'argent a couru avec cet empres-
« sement qu'excite toujours l'espoir des bénéfices. La
« valeur de l'entreprise, la probité de sa direction, les
« succès bien amenés, ont créé de rapides fortunes et
« singulièrement accru le capital engagé. Celles-là,
« je pourrais les nommer, et je les nommerais, si par
« cette élection je n'en signalais pas d'autres au juge-
« ment contraire. »

Tout ce que veut donc M. de Vallée, c'est que la

loyauté dans la spéculation remplace le mensonge
dans l'agiotage; qu'une entreprise qui s'annonce sous
le masque de l'utilité publique ne soit pas seulement
le prétexte d'un coup de fortune pour quelques-uns;
qu'une affaire lancée à grand bruit, partout prônée,
vendue au poids de l'or par les habiles qui l'ont
montée, ne s'affaisse pas tout à coup sous leur propre
main, comme un piège dont ils tiennent la corde et
qui s'abat, quand il en est temps, sur la cupidité du
public. Il veut que cette foule crédule et avide d'espérances sache bien où vont ses pauvres épargnes;
que des entreprises où elle s'embauche, elle connaisse
autre chose que le nom, estropié par des courtiers
faméliques; qu'elle soit enfin l'armée de l'industrie,
si tel est son plaisir, mais qu'elle ne soit pas la chair
à canon des recruteurs de commandites.

Quant aux immunités que réclameraient les manieurs d'argent au nom de leur *dévouement* à la
civilisation, M. de Vallée a bien fait de n'en tenir
aucun compte. Si la chance ou l'habileté millionnaire
d'un joueur prend dans nos dictionnaires le nom de
dévouement, comment nommera-t-on la probité du
pauvre, l'honneur du soldat, la foi qui meurt pour
une idée, le talent qui reste obscur pour rester honnête, l'amitié qui se sacrifie, l'amour sans espoir qui
ne veut pas oublier, — toutes ces chimères immor-
telles qui sont l'héroïsme coûteux et le capital sans

dividendes des âmes généreuses? Que restera-t-il aux
Spartiates?...

On a dit publiquement, dans un langage superbe
qui montrerait au besoin tout l'à-propos du livre dont
je parle, que la raison d'État elle-même commandait
de respecter les financiers, et que « Louis XIV avait
« *défendu* à Molière de les mettre en scène pour ne
« pas ébranler le crédit public... » Quelle étonnante
histoire! Si Molière n'a pas joué les traitants, c'est
qu'il est mort à temps pour leur repos, et que leur
tour, sans doute, n'était pas encore venu dans l'ordre
de ses justices; mais on aurait pu se souvenir que Labruyère était sous-précepteur de Mgr le duc de Bourgogne quand il écrivait le chapitre des *Biens de fortune*, et que Louis XIV n'était pas mort quand Lesage
a fait jouer Turcaret.

On a pu voir, au langage de ceux qui l'ont attaqué,
— et plus encore au silence qui l'a pendant un temps
accueilli, — que l'ouvrage de M. de Vallée n'est pas
seulement un ouvrage ingénieux et plein d'un rare
talent, mais un acte de vrai courage. C'est une rébel-
lion contre une royauté jalouse, contre une religion
qui a d'innombrables fidèles, quelques fanatiques, et
qui, pour sa propre gloire, devait avoir à la fin ses
hérésies : *Oportet hæreses esse...* Il était difficile,
avec plus de conviction et de modération, dans un

cadre mieux trouvé, de donner à notre époque une
plus sage leçon. — Je ne sais si je dois dire une plus
utile leçon ; car je ne crois pas qu'aucun écrit puisse,
en cette matière, amener de bien sérieux repentirs.
La crainte de perdre peut seule guérir de la passion
de gagner, et il est triste de penser qu'un mois de
baisse à la Bourse, avec le contre-coup de quelque
grande *exécution*, fera plus de conversions que les
plus éloquents discours.

Le livre de M. de Vallée n'en est pas moins une protestation courageuse et qui honore notre époque. Son
succès permet aux caractères de se compter et de se
reconnaître. Personne ne dit que l'argent n'a pas de
place dans le monde ; on dit que l'argent n'est pas à
sa place ; que la richesse gagnée par l'agiotage n'a
droit qu'aux respects qui se peuvent acheter ; qu'un
peuple qui a toujours un pied sur la roue de la fortune devient bientôt vénal et banal comme elle, et
qu'une société qui, ne laissant pas une large part aux
émotions du cœur, aux mouvements libres de l'esprit,
aux plaisirs purs de l'art, se laisse envahir tout
entière par l'amour inconsidéré de la richesse, est
une société toute prête à étouffer d'imprévoyance et
d'inanition. Le roi Midas, d'aventureuse mémoire,
avait obtenu des dieux que tout ce qu'il toucherait se
changeât en or. Il faillit mourir de faim. Qui sait si
l'ingénieuse et railleuse antiquité n'a pas caché sous

cette fable une sage leçon d'économie politique?

La lecture d'un beau livre serait trop humiliante, si l'orgueil et l'esprit de contradiction propre au lecteur n'y trouvait pas toujours quelque chose à reprendre. Je fais donc mes réserves vis-à-vis de M. de Vallée : il a bien fait les siennes vis-à-vis de d'Aguesseau ! — Les *Manieurs d'argent*, c'est un titre piquant qui a fait fortune. A mon sens, il est plus spirituel qu'il n'est juste. Le mot est de Labruyère, dit M. de Vallée, qui tient à sa trouvaille. C'est vrai, et le mot est même charmant; mais voilà justement le danger de désigner des choses d'aujourd'hui avec des noms d'autrefois; il est rare que l'application n'en soit pas plus ou moins faussée par la différence des temps et des mœurs. Que M. de Vallée y regarde de plus près : il verra que dans la langue saisissante de Labruyère «le manieur d'argent, cet ours qu'on ne saurait apprivoiser », ne ressemble en rien aux banquiers hasardeux et bien-disants de nos commandites équivoques. C'était le type pris sur le vif de ces fermiers, sous-fermiers, commis de gabelles, collecteurs, garde-portes et rats de cave qui pullulaient dans le fouillis d'une compta-bilité obérée, qui traitaient et trafiquaient de l'impôt à tous les degrés, usuraient l'État et pressuraient le peuple de toutes mains pour bénéficier sur le marché, et allaient s'asseoir, engraissés de la famine publique, dans ces *bureaux d'anthropophages* dont parle Saint-

Simon. C'est une race qui a disparu dans la régula-
rité des budgets modernes : nous payons beaucoup,
mais nous payons avec symétrie.

Voici une autre querelle qui mènerait plus loin et
que j'aimerais à soutenir :

« Je ne crois pas chercher un rapprochement arbi-
« traire, dit M. de Vallée, en rattachant à la matière
« corrompue que je viens de remuer la philosophie
« sensualiste du dix-huitième siècle... Elle est venue
« et elle a grandi dans des désordres assez généraux
« et assez puissants pour vouloir et pour obtenir des
« encouragements et une doctrine. C'est bien là son
« berceau. »

Je n'en crois rien. De tous les luxes, le luxe d'une
doctrine est à peu près le seul que l'agiotage enrichi
ne puisse pas se permettre. On commande un pamphlet ou un mémoire; on ne commande pas un
système, une théorie morale assez sérieuse pour durer
et pour faire école. En y regardant bien, on trouverait, je crois, à l'honneur de l'esprit humain, que les
les philosophies remontent plus souvent qu'elles ne
descendent les courants des passions contemporaines.
Non, la philosophie sensualiste n'est pas née dans la
domesticité d'un financier : elle a été la réaction
naturelle de notre génie mobile et prompt aux extrê-

mes, contre la discipline universelle du grand règne
de Louis XIV ; c'était une des formes de l'émancipa-
tion, une des crevasses sociales par où l'esprit de
nouveauté se faisait jour de toutes parts.

Quant aux remèdes et aux moyens de défense que
propose M. de Vallée, peut-être ne sont-ils pas assez
nettement indiqués. On sent un peu là l'embarras
d'un médecin habile devant un mal incurable : il fait
des prescriptions pour l'honneur de la science et
pour rassurer la famille. Il faut, dit l'honnête et spirituel écrivain, isoler les manieurs d'argent, former
une « aristocratie des honnêtes gens et une noblesse »
inaccessible aux mauvais riches. Soit; mais si M. de
Vallée veut parler de cette association naturelle et
spontanée qui unit entre eux les gens bien nés par
la conformité des goûts et des mœurs et par un commun respect de soi-même, cette aristocratie existe
depuis longtemps sans règlement, sans chartes et
sans blason : c'est la bonne société, qui ferme ses
portes à la mauvaise.

Encore un mot et une chicane de pure forme : Le
livre de M. de Vallée en est à la troisième édition.
Quand va venir la quatrième, il y a une chose qu'à
sa place je supprimerais sans pitié : ce sont les som-
maires qu'il a mis en tête des chapitres. Je n'aime
pas, dans un ouvrage aussi sérieux, ces programmes,

ces *menus* trop bien rédigés, dont le moindre tort est d'ôter au lecteur le plaisir des surprises, quand ils ne lui préparent pas quelque mécompte.

Enfin, j'aurais bien à noter, au milieu de pages éloquentes et d'un excellent mouvement, quelques traits d'une gravité un peu étudiée, quelques périodes trop tendues dont il faudrait rompre et assouplir la mesure, quelques souvenirs cadencés de la phrase oratoire, la pire des phrases quand on écrit, — à laquelle ces pauvres avocats n'échappent jamais, et les magistrats rarement. — Mais il y a des livres qui naissent heureux ; ils font réfléchir, ils font douter, ils vous mènent, par le charme sérieux qu'on y trouve, bien plus loin qu'on ne voulait aller, et quand on en a dit tout le bien qu'il en faut dire, on s'aperçoit que le temps et l'espace vous manquent pour les critiquer.

Novembre 1857.

LES

PARLEMENTS DE FRANCE

ÉTUDE

PUBLIÉE DANS LA *GAZETTE DES TRIBUNAUX*

DES 7 ET 9 AVRIL 1858

SUR L'OUVRAGE DE M. LE V^{TE} DE BASTARD-D'ESTANG

CONSEILLER A LA COUR IMPÉRIALE DE PARIS

LES

PARLEMENTS DE FRANCE[1]

Où sont-ils ces esprits chagrins qui nous accusent
d'indifférence et de paresse? Dernièrement encore, à
cette place même, ne disait-on pas que l'amour de
l'argent abaissait tous les caractères, humiliait tous
les cœurs et détournait tous les talents des entreprises
désintéressées de l'esprit?... Mais au même instant,
comme pour démentir ces fausses nouvelles, un
écrivain original et patient achevait en silence une
œuvre méditée de longue main, pensée librement,
écrite fièrement, ne relevant que d'elle-même, et
attestant, jusque dans ses défauts, une hauteur de
sentiments singulière. M. le conseiller de Bastard
vient de publier un ouvrage considérable sur les
Parlements. Ce n'est pas l'*Histoire des Parlements*
qu'il a entendu écrire. L'histoire des Parlements,

1. *Les Parlements de France*, par M. le vicomte de Bastard d'Estang,
conseiller à la Cour impériale de Paris. — 2 volumes chez Didier.

c'est l'histoire de France tout entière, ou bien c'est un court pamphlet, comme celui que Voltaire a écrit du bout de sa plume, en quelques pages rapides, passionnées et touchantes. M. de Bastard a voulu nous montrer ce que c'était autrefois qu'un Parlement, la place que ces grands corps tenaient dans l'ancienne société française, leur constitution puissante, ce mécanisme envahissant qui touchait à tout par d'inévitables atteintes, qui ramenait tout à lui par d'irrésistibles ressorts, qui faillit tout niveler sous une pression séculaire, et qui se rompit quand, ayant brisé tous les obstacles, il eut perdu les freins qui le modéraient.

M. de Bastard pouvait, mieux que personne, accomplir un tel travail. Par des souvenirs et des traditions dont il a le droit d'être fier, l'histoire du Parlement de Toulouse est pour lui une histoire de famille. C'est ce grand Parlement qu'il a étudié dans ses origines, dans ses mœurs, dans la vie de ses hommes illustres et dans ses principales aventures. Avec une précision pieuse, avec une exactitude de détails admirable, il a fait revivre ce vieux type judiciaire. En lisant son livre, c'est bien le Parlement qu'on voit se lever devant soi, avec ses traditions vénérées, ses usages immuables, ses costumes magnifiques, l'appareil pompeux de ses solennités, et cette majesté que le temps ajoute à toutes les grandeurs.

Peu à peu, on se sent pénétré de cette religion populaire qui, pendant si longtemps, a salué en lui l'image ou le préjugé de nos libertés. On se prend d'une affection filiale pour ce pouvoir sorti de la mêlée confuse de nos premiers âges, grandi avec la nation, associé à toutes nos fortunes publiques, confident des douleurs secrètes de tous nos foyers. Hélas! il y a dans cette histoire de bien tristes pages. Souvent on sent courir sur les assemblées égarées l'esprit de faction, de vanité turbulente et de domination brouillonne, qui a fini par les décréditer et par les perdre. Mais on a beau s'en défendre, ce qui nous ramène toujours vers ce vieux Parlement, et ce qui nous force à lui tout pardonner, c'est que de toutes nos institutions, ç'a été vraiment la plus française. Tout notre sang, tous nos traits, toutes nos vertus s'y trouvent, avec nos défauts incurables, notre mobilité héréditaire, notre orgueil prompt à s'enfler, nos défaillances soudaines, nos engouements de servitude et nos furies de liberté. Le Parlement, c'est notre vive image ; c'est le témoin, le compagnon et le complice de notre histoire. Il n'a pas tué la monarchie, comme on l'a trop dit ; il est mort avec elle, victime des mêmes fautes et du même destin que cette grande société vieillie ; et quand M. de Bastard nous montre ces parlementaires intrépides, tombant à leur tour et à leur rang dans la ruine commune en murmurant l'antique formule de leurs arrêts, on se sent ému d'une pitié sans mélange, dont le souvenir de beaucoup d'erreurs ne peut affaiblir l'amertume.

On sait assez qu'à Toulouse, plus que partout ailleurs, depuis les curiales et les scabins jusqu'aux consuls et aux capitouls, l'organisation romaine s'est perpétuée à travers les siècles dans des traditions invincibles. Mais peu à peu, à côté des institutions municipales de la vieille cité, s'étaient élevées des juridictions nées au souffle de la conquête, le viguier, le sénéchal, le juge mage, le juge d'appeaux, le châtelain, le bailli, — tout un peuple de petits magistrats de campagne et de faubourgs qui, s'étageant dans une hiérarchie confuse au milieu des populations féodales, les rattachaient tant bien que mal et les soumettaient de proche en proche, par le droit d'appel, au comte et au suzerain. Le droit d'appel, — voilà l'idée nouvelle et simple que le monde ancien n'avait connue que tard et avait appliquée sans méthode, mais qui, désormais, imposée par la conquête, servie par tous les hasards, secondée par la politique et par l'instinct héréditaire de nos rois, portait en elle l'unité nationale de la France. C'est elle qui, dès le règne de saint Louis, sous l'emblème mystérieux de la main de justice, avait consacré dans l'esprit des peuples l'image d'un pouvoir lointain et suprême, qui jugeait souverainement toutes les querelles, écoutait toutes les plaintes et redressait

tous les griefs. Ainsi, dans ces âges livrés à la force,
peu à peu se mêlait au prestige grandissant de la
royauté l'idée populaire d'un droit unique et tout-
puissant, protecteur de toutes les faiblesses et vengeur de toutes les violences.

Je n'ai pas à dire par quel lent travail le droit
d'appel, nivelant jour par jour les justices à tourelles
et à créneaux qui morcelaient le sol, s'est enfin con-
centré dans les seuls conseils de la justice royale;
comment s'est dénoué sous la main du temps l'écheveau mêlé des juridictions féodales; comment la
guerre, les croisades, les distractions violentes, l'ignorance et la paresse providentielles de la noblesse
d'épée, ont laissé tomber la justice dans les mains
patientes et sûres des clercs et des légistes; comment
enfin les progrès de la prudente et laborieuse bourgeoisie ont amené la formation de ces assemblées
permanentes, instituées pour écouter les griefs de
tous et tenant du roi seul le droit de les juger; mais
je regrette que M. de Bastard n'ait pas indiqué plus
complètement cette transition merveilleuse.

C'est vers la fin du quinzième siècle qu'il saisit les
Parlements dans le plein éclat de leur robuste jeunesse : dès lors, on comprend tout ce qu'ils seront un
jour. L'indépendance et l'esprit de domination, telle
était la loi nécessaire de ces grands corps, où la

science et la pureté des mœurs donnaient seules accès,
dans des temps d'ignorance et de violence; que l'élection libre recrutait seule, dans des temps de dépen-
dance universelle ; et qui jugeaient souverainement
au nom du roi, lorsque, de toutes parts, s'écroulaient
sous la haine publique les justices désordonnées et
tyranniques du moyen âge. La supériorité par les
lumières, la liberté par l'élection, la souveraineté par
les arrêts, que fallait-il de plus pour consacrer à
jamais dans une institution humaine la conscience et
l'orgueil d'une force sans contrôle et sans limites ?
Plus tard, la royauté besoigneuse des Valois et la
politique avisée de Henri IV eurent beau porter, par
la vénalité des offices, une violente atteinte à la constitution primitive : dans les pouvoirs comme dans les
nations, l'instinct de la liberté survit à la ruine de ses
privilèges. Des examens, des présentations illusoires
conservèrent longtemps l'image de l'élection abolie ;
les Parlementaires achetèrent des charges à leurs
enfants, et en payant la Paulette, il purent encore se
choisir chèrement, mais librement, des collègues et
des successeurs. Ainsi a grandi, sur les débris de la
féodalité, une aristocratie savante, intelligente, née
du peuple, nécessaire au pays, tenant dans ses mains
les intérêts et les droits de tous, et pouvant se faire
sans trop d'efforts l'illusion d'un privilège héréditaire
dans l'exercice de la justice souveraine.

Mais ce qui assurait surtout la force et la popularité des Parlements, c'est que leur fortune avait été, pendant trois siècles, la fortune de la classe moyenne tout entière. Depuis la révolution communale, la bourgeoisie des villes poursuivait d'âge en âge, avec cette ténacité silencieuse, qui est la force des petits, son lent et irrésistible avènement. Pas une occasion, pas un hasard ne lui échappait : partout où elle voyait un échelon pour se hausser, elle y mettait le pied, et elle montait. Les petits honneurs municipaux avaient été sa première conquête ; elle s'était ensuite glissée sur les bancs délaissés des justices seigneuriales. Enfin les offices parlementaires devinrent le but présomptueux et la dernière visée de son ambition. Le Parlement, c'est la noblesse de la roture affranchie. C'est dans l'échoppe de l'artisan du moyen âge, dans le comptoir enfumé du marchand, dans le parloir studieux du légiste, que plus d'un président galant et gourmé de la Régence aurait dû chercher les titres de sa race et saluer de loin ses ancêtres.

C'est cette institution si curieuse et si mal connue que M. de Bastard a étudiée avec une patience infatigable et avec une émotion respectueuse. Il en montre toutes les forces, il en compte tous les privilèges. Il explique cette hiérarchie puissante qui tenait tout uni sous des règles immuables. Mais il fait mieux encore : il fait revivre vraiment et agir devant nous le grand Parlement qu'il a pris pour modèle. Nous voici à Toulouse, au milieu du seizième siècle : il fait petit jour ; l'horloge du Palais sonne le dernier coup de six heures. Dans la salle des pas perdus, arrivent un à un les procureurs, avec leurs robes de laine noire, leurs sacs sous le bras et leur lanterne à la main. Ils entrent dans leurs bancs de chêne adossés aux piliers. Ils plantent leur bougie dans l'anneau de fer et ils étalent leurs dossiers sur les buffets lustrés par le frottement de leurs lourdes manches, tout en devisant avec de jeunes avocats qui vont débuter à l'audience de sept heures dans un procès de voisinage. Bientôt paraissent par groupes de graves personnages, drapés dans des manteaux fourrés et le mortier sur la tête : ce sont des conseillers qui viennent d'entendre dans la chapelle du Palais la messe matinale de chaque jour. A sept heures, l'audience est ouverte : petite audience, petites causes, petits avocats, dont l'éloquence écourtée est comme le réveille-matin de la justice. En même temps commence l'audience des enquêtes, audience silencieuse où s'instruisent par écrit les affaires, où la plaidoirie semble inutile. Là, on n'entend que le bruit régulier de l'horloge accompagnant la voix du commissaire qui rapporte son procès. C'est par la chambre des enquêtes que les jeunes conseillers commencent leur apprentissage. Le public y est admis, mais il n'a garde d'en troubler la proverbiale solitude. « C'est un arrêt solitaire de la chambre des enquêtes, » disait cet ancien avocat toulousain en plaidant devant la grand’-chambre scandalisée.

Plus loin, dans une salle basse, au pied de quelques marches, des magistrats entrent en silence et la porte se referme après eux. Où vont-ils ? M. de Bastard le sait et va vous le dire : Ce sont les conseillers de service qui *descendent à la Tournelle.* Ils y vont par roulement, et ils n’y demeurent que trois mois, parce que « l’accoutumance à faire mourir et condamner les « hommes altère la douceur naturelle du juge et le « rend cruel et inhumain ». Dure accoutumance, en effet, que la pratique de ces anciennes procédures criminelles, où longuement, silencieusement, à huis-clos, sur des procès-verbaux secrets, dressés par un seul juge, sans que les magistrats pussent entendre et voir les témoins, souvent même sans que l’accusé pa-rût devant eux, un homme pouvait être soumis à la torture et condamné à d’affreux supplices ! Il y a là un long chapitre plein de terreur, car ce n’est pas la polémique d’un publiciste aveuglé par sa passion ; c’est le rapport d’un historien qui, de ses mains im-partiales, a touché et manié dans le greffe, où le temps achève de les détruire, « ces procédures monumen-« tales, dans lesquelles s’usaient la patience du juge, la « mémoire des témoins et la vie des accusés. » M. de Bastard ne nous veut rien cacher, ni la question *préa-*

lable, ni ces ateliers d'anatomie judiciaire où le juge
tentait par la douleur toutes les fibres d'un corps
humain, et où le chirurgien, le doigt sur le cœur du
patient, comptant des pauses savantes, retenait tour à
tour et rendait la main au bourreau. Ici étaient les
brodequins et le chevalet ; là, l'estrapade avec ses
boucles rouillées et ses courroies raides de sang :
voici la corne de bœuf qui versait des pintes d'eau
froide dans la gorge du patient, jusqu'à ce qu'il res-
semblât, comme dit gaiement un vieux procès-verbal
de torture, « à un cétacé rendant l'eau par toutes les
ouvertures de son corps ». Quant aux peines, en voici
le catalogue abrégé : « Le carcan, le pilori, le fouet,
« la marque, le poing coupé, la langue percée, la
» pendaison, le col coupé, la roue, le feu, l'eau bouil-
« lante, mis dans un sac et noyé, enterré vivant,
« écartelé à quatre chevaux.... » Est-ce tout, grand
Dieu ! et ne croit-on pas rêver ? Est-il vrai que cent
ans à peine, — un peu plus que la vie d'un homme,
— nous séparent de cette justice, et que jusqu'au
siècle dernier, au sein de la civilisation la plus fière
d'elle-même, des magistrats pleins de lumières et de
douceur faisaient tranquillement un service réglé
dans ces cavernes? Mais alors, qui donc peut dire que
des choses qui s'accomplissent chaque jour sous nos
yeux, qui nous paraissent simples et justes, ne soulè-
veront pas chez nos petits-fils autant de stupéfaction
et d'horreur ? M. de Bastard a beau affirmer que la

Tournelle ne se trompait guère et que les voix s'y prenaient à une majorité raisonnable ; il a beau soutenir, — et prouver pièces en main, — que Calas a été justement roué vif, et qu'il y faut regarder de près avant d'acquitter les clients de Voltaire ; tout cela ne me rassure pas, et je m'enfuis de la Tournelle, l'imagination souillée de fantômes, l'esprit humilié et le cœur rempli d'épouvante.

Mais grâce à Dieu, voici le jour : nous sommes dans la grand'chambre. « C'était le sanctuaire même de la « justice. A elle seule appartenait, dans toute sa plé- « nitude, l'autorité parlementaire. On y arrivait à son « rang, et quand on était le plus ancien de sa cham- bre. » Mais là aussi, par une réminiscence confuse des vieilles traditions mérovingiennes, les ducs et pairs prenaient séance quand il s'agissait de juger leurs égaux. Ils étaient, au sein de ce corps roturier, la représentation altière et comme la réclamation vivante du droit de justice tombé des mains de la noblesse. On peut voir dans les pages arrogantes de Saint-Simon quelle était l'âpreté de cette impuissante rancune.

« C'est à la grand'chambre, dit M. de Bastard, que « se portaient les affaires les plus intéressantes, dis- « cutées par les avocats en renom. C'était une « grande école de philosophie, d'histoire et de légis- « lation. »

Dans notre société monotone et bien ordonnée, où l'égalité donne aux procès eux-mêmes cette ressemblance banale et cet air de famille répandu sur toutes nos mœurs, nous pouvons à peine concevoir la variété que jetait dans les querelles privées la différence des rangs et des origines. Ce n'était pas assez que les hommes fussent séparés en classes et en corporations, que la naissance eût créé des privilèges de race et des servitudes héréditaires ; que le patriotisme étroit de la cité ou du métier eût formé mille tribus jalouses, barricadées dans les chartres des municipes, des maîtrises et des jurandes : des hommes, la diversité était descendue aux choses mêmes. Ils avaient asservi le sol à toutes les chimères de leurs distinctions juridiques ; ils avaient morcelé sous mille noms divers jusqu'à la poussière où ils devaient tous rentrer un jour ; et dans le sein de la terre commune où l'égalité germait avec les moissons, il y avait le sillon noble et le sillon roturier, la glèbe féodale et la glèbe de franc-alleu, le pâturage de la commune et celui du prieuré, tous gouvernés par des droits différents et des lois contraires, dont les Parlements tenaient les fils embrouillés, et dont la grand'chambre seule consacrait la tradition et le sens par ses arrêts.

C'est la Grand'Chambre qui peu à peu, à la longue, a fixé les règles sur lesquelles repose aujourd'hui l'état des hommes et des familles. C'est elle qui, en

disant le droit, marquait les bornes de tous les pouvoirs et arrêtait toutes les tyrannies. Questions de légitimité, de bâtardise, d'hérédité féodale ou roturière,
rivalités de corporations, comflits de privilèges, luttes
contre la puissance paternelle, révoltes contre l'autorité conjugale, querelles d'église ou sédition de
couvents, c'est vers ce centre et vers ce foyer de
justice nationale qu'un courant invincible emportait
toutes les affaires, tous les intérêts et toutes les souffrances de cette grande société en désordre, qui
cherchait dans le droit sa règle et son guide. La
Grand'Chambre et la Tournelle, — le droit de juger
et le droit de punir, — n'était-ce pas presque tout le
pouvoir ensemble remis aux mains des Parlements?

Mais, pour tout achever, autour d'eux, au-dessous
d'eux, ils avaient une famille nombreuse, une tribu
intéressée à leur gloire, en recevant les premiers
rayons et les renvoyant de toutes parts. Avocats, procureurs, notaires, greffiers, huissiers, officiers de
robe longue et de robe courte, commis de toute classe
et de tous degrés, il y avait là un peuple actif et intelligent qui plongeait au cœur de la nation d'innombrables et fortes racines, et qui de proche en proche,
par l'influence du talent, par la propagande de l'esprit de corps, par le jeu des relations privées, par les
ricochets de toutes les importances secondaires et de
toutes les vanités subalternes, transmettait et prolon-

geait jusqu'aux derniers rangs le reflet et le respect
de la grandeur parlementaire. Le Parlement était plus
qu'un pouvoir, — c'était une société.

Avec la puissance qui se fait obéir, il avait l'éclat
qui frappe les esprits; non point cet éclat théâtral qui
n'est que la vanité des pouvoirs éphémères, mais ce
prestige tranquille qui est comme la splendeur de la
force. Quand la magnificence des costumes n'est
qu'une fantaisie de la mode ou un déguisement somp-
tueux, elle n'imprime pas le respect : pour qu'elle
serve à la politique, il faut qu'elle représente de
grands souvenirs. Par une étrange rencontre, cette
assemblée, sortie du peuple, offrait dans ses cérémonies et dans ses vêtements l'antique image de la
noblesse et comme l'effigie de la royauté. Les sei-
gneurs féodaux, en laissant les légistes s'asseoir sur
les bancs de leurs justices, leur avaient permis d'y
ramasser la simare et le chaperon des chevaliers ; et
en même temps les rois, pour accréditer cette maxime,
que toute justice venait du trône, avaient donné au
Parlement leurs palais pour demeures ; pour sièges,
les fleurs de lys de France ; pour insignes, le manteau d'hermine et le mortier de saint Louis.

« Le lendemain de la Saint-Martin d'hiver, dit
« M. de Bastard, le jour de la rentrée était annoncé
« par la cloche de la tour du palais, sonnant à

« grande volée : le Parlement se rendait en corps, et
« en grand costume, à la messe du Saint-Esprit qu'on
« appelait aussi la messe rouge, pontificalement célé-
« brée par un des évêques du ressort. Les avocats et
« les procureurs mettaient leur soutane de laine
« noire à grandes manches, ornées de chaperons à
« fourrure blanche. Venaient ensuite les secrétaires
« du roi et autres officiers de chancellerie. Puis, les
« huissiers du Parlement en robes bleu de ciel : le
« premier huissier, couvert de sa robe rouge, de son
« bonnet de drap d'or fourré d'hermine, orné d'une
« *rose de perle*. Les conseillers clercs et laïques, les
« gens du roi, l'archevêque de Toulouse, les évêques
« de Carcassonne, de Vabres et de Rieux, tous con-
« seillers d'honneur, dans leurs habits pontificaux ;
« les deux chevaliers d'honneur l'épée au côté, en
« habit de velours noir, veste d'or, chapeau à plumes
« blanches ; les neuf présidents à mortier, vêtus de
« leurs épitoges d'hermine, de leurs manteaux four-
« rés de menu vair relevés sur le côté gauche et sou-
« tenus par trois lames d'or... Enfin, le premier pré-
« sident, avec son mortier de velours à trois galons
« d'or, et son manteau écarlate doublé d'hermine
« blanche rayée ou mouchetée... »

Pour avoir quelque idée du culte national dont les
Parlements étaient l'objet, il faut lire le récit de ces
fêtes touchantes, encore en pleine vigueur à la fin du

seizième siècle, dans lesquelles les princes et les pairs avaient coutume.

« Au mois de may, d'offrir des roses, bouquets de
« fleurs, chapeaux et couronnes de fleurs aux Parle-
« ments... Au jour indiqué, on mettait des jonchées
« par toutes les chambres. Après la messe, on don-
« nait à déjeuner aux conseillers, aux gens du roi,
« aux greffiers et aux huissiers. Pendant le déjeuner
« les *hautbois jouaient*; ils précédaient ensuite ceux
« qui portaient les fleurs. »

Mais c'était bien autre chose quand, à Toulouse, un premier président venait prendre possession de sa charge :

« Les bataillons volontaires de la bourgeoisie tou-
« lousaine, sous les ordres d'un capitoul, se ren-
« daient à cheval à l'extrémité du gardiage, où une
« voiture à six chevaux attendait le premier pré-
« sident. A son arrivée, il était harangué par la dépu-
« tation de l'hôtel de ville : il répondait et montait
« dans la voiture; le cortège se mettait en marche;
« à la porte de la ville, le premier président trouvait
« la compagnie du guet, avec quatre capitouls qui
« le haranguaient de nouveau. Il était ainsi recon-
« duit jusqu'à son hôtel, où un troisième compliment
« lui était adressé. »

C'était beaucoup de compliments, de hautbois et de capitouls! mais qu'on se figure l'effet de ces solennités sur un peuple ardent, dont le Parlement était l'orgueil, la gloire et la superstition héréditaires.

De pareils tableaux abondent dans le livre de M. de Bastard; mais à ces peintures brillantes, je préfère ce simple récit. Le jour de la rentrée, au sortir de la messe rouge, on se rendait dans la salle du plaidoyer :

« Le premier président occupait l'angle gauche de « la salle... Tous les assistants à genoux et décou- « verts, le premier président, dans la même attitu- « de, prenait les *Juratoires :* on appelait ainsi un « tableau représentant Jésus-Christ en croix, le livre « des Évangiles, ou le Missel ouvert au *Te igitur*. Il « les passait au doyen des présidents à mortier, entre « les mains duquel il jurait de garder et de faire « garder les ordonnances. Il se relevait, se couvrait, « reprenait les Juratoires des mains du président, « qui prêtait serment à son tour, et ensuite les au- « tres présidents. Après eux, les conseillers, les « gens du roi, greffiers, huissiers au Parlement, ju- « raient tous de garder les ordonnances. Et lorsque « les membres du Parlement, restés tous à genoux, « se relevaient, le premier président ôtait son bon- « net. »

Je ne sais pourquoi j'ai relu souvent cette page; il me semblait voir un de ces religieux tableaux de Ph. de Champaigne, où de graves personnages agenouillés et vêtus de noir vous suivent d'un regard tranquille, en étendant leurs belles mains sur le missel.

Quand on a vu l'origine des Parlements, leur constitution primitive, leurs progrès, l'étendue de leur juridiction et leur popularité, il serait trop puéril de s'étonner qu'un tel pouvoir se trouve mêlé sans cesse à nos révolutions. Quand même le sentiment de son importance et l'ambition ne l'auraient pas poussé dans les aventures politiques, la force des choses, des occasions inévitables, un irrésistible destin l'y auraient jeté malgré lui. Les Parlements avaient été l'arme favorite et fidèle de la royauté contre la no·blesse. Plus tard, ils avaient vu à leurs pieds la duchesse de Guise faisant entendre la protestation suprême et comme les derniers tressaillements de la féodalité vaincue. Enfin, c'est vers eux que se tour-nait la bourgeoisie pour leur demander contre le fisc, son éternel ennemi, des arrêts et des défenses qui, au fond, étaient des actes d'autorité contre l'autorité du souverain. Ce ne sont donc pas les Parlements qui ont envahi la politique : elle allait à eux, elle les entourait, les sollicitait, les débordait de toutes parts. Mais ce n'est pas tout. Quand Dieu veut donner à un homme ou à des hommes une part de sa puissance

dans le monde, il permet que pendant un temps
tout profite à leur grandeur, l'ignorance et les préjugés du peuple comme les passions et les combinai-
sons des politiques. Ainsi, tandis qu'une tradition
confuse, trompée par une grossière ressemblance de
noms, croyait entrevoir encore, dans le Parlement
roturier du seizième siècle, le Parlement des chefs
de la nation, qui s'assemblait à cheval autour des
rois franks, la royauté avait voulu donner à ses édits
la sanction et la forme des arrêts, afin qu'ils fussent
aux yeux du peuple comme les oracles même de la
justice. C'était une prévoyance pleine de dangers.
« Suivant les formes juridiques dont le Parlement
« ne se départait jamais, dit Augustin Thierry, l'en-
« registrement de chaque loi nouvelle avait lieu par
« suite d'un arrêt ; or, nul arrêt n'était rendu sans
« délibération. De ce fait résulta peu à peu le droit
« d'examen, de critique, d'amendement, de protes-
« tation et même de veto par le refus d'enregistrer. »

M. de Bastard, je l'ai dit, n'a pas voulu faire l'histoire politique des Parlements. Il s'est borné à en
raconter les derniers épisodes pendant le cours du
dix-huitième siècle, c'est-à-dire leur lutte contre les
Jésuites, leur opposition aux édits de finances de
1756 — et la révolution Maupeou.

Dans ce pays prédestiné à l'unité, c'est l'honneur
des classes moyennes d'avoir, avant la royauté elle-

même et avec plus de fermeté qu'elle, voulu et
défendu l'indépendance de la couronne. Ç'a été le
premier cri des communes affranchies, dès qu'elles
ont pu former un vœu public en dehors du cercle de
leurs intérêts et de leurs droits municipaux. Vainement Boniface VIII avait-il compté sur le peuple de
France pour assurer sa suprématie temporelle sur le
royaume. Chez ces populations ferventes du moyen
âge, l'instinct du patriotisme naissant étouffait déjà
les terreurs de la foi, et c'est sous les voûtes même
de Notre-Dame de Paris, qu'en 1302, du sein du
commun peuple assemblé, s'était élevée vers le trône
cette énergique et simple prière : « A vous nostre
« sire Philippe, par la grâce de Dieu roy de France,
« requiert et supplie vostre peuple, que vous gardiez
« la souveraine franchise de vostre royaume, qui est
« telle que vous ne recognoissiez de vostre temporel
« souverain en terre fors que Dieu! » Telle fut, dès
qu'il put parler, la profession de foi du tiers état.
Comme les autres instincts, comme les autres croyances
de la bourgeoisie, cette pensée politique était entrée
de bonne heure dans les Parlements; elle y prit
racine, elle devint pour eux comme une idée fixe et
un point d'honneur dont ils se firent les champions
avec une âpre vigilance. Les faiblesses, les défaillances des princes eux-mêmes ne firent que redoubler la rigueur de cette tutelle jalouse ; et près de
trois siècles après, lorsque Henri III vint présenter

au Parlement de Paris une bulle d'excommunication contre l'héritier futur du trône, le Parlement répondït par de magnifiques remontrances : « Nous ne trouvons point, disait-il, par nos registres ni par toute l'antiquité, que les princes de France aient jamais été sujets de la justice du pape ni que les sujets aient pris connaissance de la religion de leurs princes[1]. » Qu'est-ce autre chose que la requête de 1302, avec l'accent plus résolu que lui donne la certitude du droit et l'autorité de la tradition ?

Cependant, au milieu du seizième siècle, au plus fort de la tourmente religieuse, une société s'était formée, avec une vigueur d'organisation singulière et des constitutions empreintes de génie. Ce n'était pas une de ces communautés silencieuses où, dans ces temps de troubles, le découragement et la fatigue jetaient les esprits rêveurs, les cœurs mystiques et les âmes tendres : c'était une milice alerte, active, prête pour la guerre, mettant au service de la foi catholique tous les expédients de la prudence humaine, toutes les ressources d'une politique achevée, un zèle dont le but sanctifiait les excès, une audace qui comptait pour rien les dangers, et une patience qui usait les obstacles. C'est à Rome, au pied même du saint-siège, que la société de Jésus avait planté

1. A. Thierry, *Histoire du Tiers-État.*

son drapeau. C'est de là qu'elle appelait, sans distinction de patrie, des adeptes de toutes nations, et
qu'elle disciplinait une armée où l'on se reconnaissait
non plus à l'accent de la langue natale et à l'amour
de la même terre, mais aux ardeurs de la même foi
et aux signes du même symbole. La société avait
promptement grandi : à peine née, elle s'était répan-
due par toute l'Europe, offrant aux esprits, dans
l'obéissance et dans la religion, cette image nécessaire de l'unité que ne présentaient presque nulle
part des institutions incertaines, des gouvernements
disputés, des cités déchirées par les partis, des
royaumes livrés aux misères de la guerre et aux jeux
sanglants de la politique. Je n'ai pas à tenter ici cette
grande histoire des jésuites, faite tant de fois, avec
des passions si diverses, et que de nos jours seulement on a pu écrire avec sang-froid ; mais je veux
dire que de toutes les institutions humaines, aucune
peut-être n'était plus antipathique au caractère, au
génie et aux traditions de notre pays.

Il est facile de railler, aujourd'hui que les dangers
sont loin de nous. La politique des jésuites ne fait
plus peur à personne, et nous pouvons admirer de
grands talents et de grandes vertus sans qu'il en
coûte rien à notre prudence ; mais soyons justes :
au seizième siècle, après tant d'efforts et tant de
luttes pour fonder une monarchie indépendante et

toute française, comment la nation se serait-elle vue
sans défiance envahir par une autre nation qui avait
à Rome son siège, son gouvernement et sa loi ; qui
de Rome seule recevait des commandements toujours
obéis ; qui se proclamait hautement la milice du
saint-siège, et qui, par la parole, par l'enseignement
et par les écrits, comme par les conseils les plus secrets et les plus intimes influences, propageait sous
mille formes, au milieu de nos sanglantes discordes,
la thèse détestée de la suprématie temporelle du
pape ? — Comment la brusque franchise de nos pères
aurait-elle subi sans révoltes une puissance mystérieuse qui, par ses affiliations laïques, avait dans
chaque famille des témoins, près de chaque pouvoir
des confidents, des yeux vigilants dans tous les conseils et des oreilles ouvertes dans tous les secrets?
— Comment leur esprit prompt et droit pouvait-il se
reconnaître dans cette logique raffinée qui semblait
la gageure de la raison contre elle-même, — et dans
cette morale tourmentée, compliquée de distinctions
et de restrictions, de pieuses subtilités et d'embûches
savantes, où la conscience éperdue trébuchait à
chaque pas ? « Je suis de ceux qui appellent pain ce
qui est pain, et vin ce qui est vin, » s'écrie Pasquier,
plaidant contre les jésuites, — et ce cri du bon sens
était l'explosion du génie français tout entier.

A force d'aiguiser leur doctrine, les jésuites l'a-

vaient rendue insaisissable à la raison expéditive d'un
peuple impatient, qui trouvait bien plus court de la
calomnier que de la comprendre ; à force de couvrir
leur politique, ils l'avaient rendue suspecte de tous
les méfaits, et la société, jeune encore, eut au moins
cet affreux malheur de voir son nom mêlé juridique-
ment aux noms exécrés de Chatel et de Ravaillac.
Plus tard, elle eut cette disgrâce, que son ascendant
politique marque justement, dans le règne de
Louis XIV, la date de la décadence et des revers.
Que la révocation de l'édit de Nantes ait été un coup
d'État ou un cas de conscience, il est juste que la
mémoire du père La Chaize demeure attachée à ce
souvenir, comme le nom du père Letellier aux rigueurs du despotisme ombrageux dans lequel s'étei-
gnit la vieillesse du grand roi. Les jésuites n'avaient
pas fait alors tout le mal, mais ils y avaient eu la
main, et dans les mauvais jours, la douleur publique
a besoin de trouver des hommes sur lesquels elle
puisse faire tomber, sans trop d'injustice, une part
des torts de la fortune.

C'est dans la bourgeoisie surtout et dans les Parlements que cette impopularité des jésuites avait son
siège et comme son foyer ; mais là, l'antipathie nationale se compliquait de tout ce que l'esprit de parti,
l'esprit de corps et l'esprit de secte peuvent donner
d'amertume à des ressentiments longtemps contenus.

Le nom de Port-Royal a porté malheur aux jésuites.
C'est au seuil de cette retraite éloquente qu'ils avaient
rencontré Pascal. Plus tard, ils eurent beau détruire
la maison fatale et faire passer la charrue sur ses
décombres; c'est des pierres et des ronces de cette
solitude qu'est sorti le cri vengeur, signal de leur
ruine. Aujourd'hui que de toutes parts on parle si
bien du dix-septième siècle, on connaît les liens de
parenté, les amitiés graves et tendres, les affinités
religieuses, le commerce philosophique, les corres-
pondances littéraires, toutes les conformités de goût,
d'intelligence et de foi qui attachaient aux solitaires
de Port-Royal la plupart des familles parlementaires
et de la haute bourgeoisie de Paris. Quand vint
l'heure des épreuves, et que de la plus vaine des
querelles théologiques sortit la plus mesquine et la
plus maladroite des persécutions; quand à l'instiga-
tion des jésuites, en haine de Jansénius, de la grâce
efficace et de la prédestination gratuite des saints,
les bâtiments de Port-Royal-des-Champs furent rasés,
ses religieuses chassées et ses sépultures dispersées,
le Parlement réduit à l'impuissance par une longue
habitude d'obéir, dut ajourner sa colère. Mais dès
que la mort de Louis XIV lui eut rendu le pouvoir du
même coup que la liberté, il commença contre la
société une longue guerre où, malgré d'immenses
fautes, d'inexprimables ridicules et des coups de
justice extravagants, il eut souvent de son côté la

raison, et presque toujours l'opinion. Qui ne sait l'effroyable confusion que jeta en France, pendant cinquante ans, la constitution *Unigenitus?* Dans l'histoire des folies humaines, celle-là est une des surprenantes et des plus lamentables. Mais, après tout, les questions religieuses ont pour l'homme un si pressant intérêt et une si terrible grandeur, que tout ce qui emprunte leur nom remue jusque dans leurs fondements les sociétés qui se vantent le plus de leur indifférence. Pour avoir le côté plaisant et la comédie de cette époque, il faut lire les pages où Voltaire raconte les miracles du diacre Pâris et les convulsions de saint Médard, les mandements de Mgr de Baumont brûlés par le Parlement, les arrêts du Parlement cassés par le grand conseil, la Sorbonne décrétée, la grand'chambre exilée, les sacrements administrés par autorité de justice, les prônes du curé Boutord « qui voulait tremper ses mains dans le sang d'un président à mortier », et l'aventure de sœur Perpétue qui s'entêtait à communier malgré son évêque ; — mais pour connaître le fond sérieux et politique de ces événements, il faut lire les curieux chapitres où, avec une patience et un discernement remarquables, M. de Bastard a réuni tous les documents de cette étrange histoire.

Cependant cette lutte sans grandeur finit par effrayer tous les gens sensés. On voyait bien que dans

ces conflits de tous les pouvoirs, les ressorts de l'État
se fatiguaient et fléchissaient; que, dans cette universelle confusion, les idées de règle et d'autorité
s'embrouillaient dans tous les esprits. Comme il arrive toujours dans les disputes violentes, quand elles
durent, on donna tort à tout le monde, et les deux
partis se firent également mépriser : mais le Parlement était soutenu par tout son passé, par des souvenirs populaires et par des préjugés chers au pays,
tandis que ses adversaires ne trouvaient d'appui solide nulle part. Attaqués à outrance par l'opinion qui
les détestait, et par l'esprit philosophique qui trouvait son compte à leur ruine, les jésuites étaient mal
défendus par la cour qui les craignait sans les aimer.
Leur jour était venu: il ne manquait plus à leur
malheur que ce petit accident infaillible qui se rencontre toujours sous les pas de ceux qui doivent tomber ; il ne se fit pas attendre. Il y a des heures où l'on
ne peut même plus avoir de l'esprit et du bon sens
impunément. Un mot piquant et juste du père Sacy
allume chez Mme de Pompadour une haine de femme:

« Une intrigue de cour prépara la chute des jé-
« suites, dit M. de Bastard, un scandale public l'a-
« cheva : l'éclat de la banqueroute du père Lava-
« lette, spéculateur à la Martinique, la faute que fit
« son général de l'abandonner à la justice, l'arrêt
« de la grand'chambre du Parlement de Paris du
« 8 mai 1761, qui déclara tous les jésuites solidaires

« et les condamna à payer 1,502,266 livres de let-
« tres de change, et 50,000 livres de dommages-
« intérêts ; la production publique et le dépôt au
« greffe de leurs règles et de leur constitution, jus-
« que là dérobées à la connaissance du vulgaire, tel
« fut le commencement de la catastrophe. »

Le Parlement de Paris avait donné l'exemple :
tous les autres Parlements le suivirent. Partout la
faveur publique changeait en héros les magistrats
chargés des poursuites, et l'on sait de quelle popularité surfaite furent entourés les noms de Joly de
Fleury, Chauvelin, Montclar et Lachalotais.

Le Parlement de Toulouse, lui aussi, eut son procès
des jésuites, plus orageux et plus long que tous les
autres. Là, le catholicisme fervent du Midi se heurtait aux vieilles rancunes des guerres de religion et
aux souvenirs des dragonnades. Les familles se par-
tagèrent, le Parlement se divisa, un violent conflit
souleva une partie des chambres contre le premier
président François de Bastard. Les mille incidents de
cette lutte intestine sont racontés dans le livre dont
je parle avec une érudition de détails facile à comprendre, avec une impartialité méritoire, mais aussi
avec cette ardeur héréditaire et cet accent de famille
qui prêtent à des événements d'il y a cent ans l'in-

térêt et le mouvement de la vie. A Toulouse, comme
ailleurs, la passion et la politique l'emportèrent peut-
être sur l'exacte justice, et le 26 février 1763, malgré les adjurations prophétiques du premier président, le Parlement rendit un arrêt solennel qui pros-
crivait de son ressort la Société de Jésus. Là comme
ailleurs, « la joie, dit Voltaire, fut aussi universelle
« que la haine. Les jésuites étaient regardés comme
« fort habiles, fort riches, heureux dans toutes leurs
« entreprises, et ennemis de la nation. Ils n'étaient
« rien de tout cela; mais ils avaient violemment
« abusé de leur crédit quand ils en avaient eu. On
« se souvenait de leurs persécutions, et eux-mêmes
« avouèrent que le public les lapidait avec les pier-
« res de Port-Royal, qu'ils avaient détruit sous
« Louis XIV ».

La guerre contre les jésuites n'était pas alors la
seule affaire du Parlement : il soutenait contre le
trône lui-même une lutte qui ne devait plus finir
qu'avec la monarchie, lutte insensée mais inévitable,
que la fortune de Louis XIV avait ajournée pendant
soixante ans, mais que le temps devait faire sûrement
renaître. Il est triste de commencer au dix-huitième
siècle l'histoire politique du Parlement : c'est l'histoire de la vieillesse et des fautes. Dans les pouvoirs
comme chez les hommes qui ont longtemps vécu,
les qualités, les défauts, les vertus mêmes, tout change,

s'altère et s'amoindrit : l'ardeur, la constance et l'orgueil deviennent impatience, entêtement et vanité;
le courage même, quand il survit, paraît souvent
hors de saison, et les œuvres de la force font place
aux avortements de la violence. Tel fut le sort du
Parlement après la mort de Louis XIV. « Le Régent,
« qui avait voulu se rendre agréable au peuple,
« avait semblé d'abord respecter cette image de la
« liberté publique, et, comme s'il avait pensé à rele-
« ver de terre le temple et l'idole, il avait voulu
« qu'on les regardât comme l'appui de la monarchie
« et le fondement de toute autorité légitime [1]. »
Mais aussitôt qu'il put s'en passer, le régent trouva
bien gênant ce pouvoir, dont le silence était devenu
pour la cour une habitude commode. Le privilège
dont le Parlement se montrait le plus jaloux était
justement le plus importun à ceux qui gouvernent :
sorti du peuple, il se considérait, par droit de naissance, comme le gardien de l'épargne publique, le
surveillant des finances et le censeur naturel de
l'impôt. Il faut avouer que ce rôle lui avait été rarement contesté, et que si les souverains avaient souvent brisé ses résistances, ils n'avaient presque jamais
récusé son examen.

Quand Law fut arrivé au comble de la faveur, on

1. Montesquieu, *Lettres persanes.*

sait quel fut le premier écueil de sa fortune. Ni les menaces, ni les rigueurs, ni l'engouement public ne purent désarmer l'opposition prévoyante du Parlement de Paris : il remonta jusqu'à Pontoise le courant du Mississipi ; et quand il partit pour ce grand exil, on le regarda s'éloigner avec dédain. Mais bientôt la catastrophe du système, en prêtant à sa résistance un air prophétique, réveilla pour un temps sa popularité et sembla retremper la tradition de son antique sagesse. Cependant la pénurie des finances allait croissant ; les désordres de la cour, le gaspillage capricieux des favorites, les passions du souverain, rajeunies par des inconstances ruineuses, augmentaient le mal sans mesure. De longues guerres y mirent le comble. Il fallut de l'argent pour payer la gloire de Fontenoi comme l'humiliation de Rosbach ; des édits onéreux et nécessaires imposèrent à la nation les derniers sacrifices. Les Parlements coalisés marchandèrent d'abord, puis refusèrent l'enregistrement. Il n'y avait plus là, pour leur forcer la main, la bonhomie tranchante et délibérée de Henri IV ou l'orgueil cavalier de Louis XIV adolescent. La cour avait d'ailleurs trop besoin de popularité pour casser brutalement un pouvoir encore populaire. Elle chercha dans les formes anciennes les moyens de réduire cette magistrature formaliste ; alors tout empira, et sans éviter la violence, on perdit le profit qu'elle donne souvent. La lutte se prolongea pendant sept ans. Le Parlement de Toulouse, qui s'y était jeté l'un des premiers, se distingua par la ténacité de sa résistance.

Il faut lire tout entière, dans le livre de M. Bastard, l'histoire de cette révolution de province. C'est un tableau plein d'intérêt, d'émotion et d'enseignement : d'un côté le duc de Fitz-James, gouverneur du Languedoc, envoyé par le roi pour imposer l'enregistrement, *de son expresse volonté*; de l'autre, le Parlement sur le pied de guerre, décidé à ne rien entendre, et, entre les deux partis, le premier président François de Bastard jouant le rôle sacrifié de conciliateur, inclinant vers la cour par sagesse, ramené vers le Parlement par le point d'honneur de sa charge, suspect aux uns, haï des autres, ayant l'âme trop haute pour se tirer d'affaire par une désertion, et forcé d'attendre sur son siège le sort inévitable que les révolutions réservent aux modérés et aux sages. Chacun combattit avec ses armes : le gouverneur avec la force, le Parlement avec la forme; le duc Fitz-James en dictant l'édit au greffier dans la solitude de la grand'chambre, en mettant les conseillers aux arrêts et en faisant de leurs sièges fleurdelysés un lit de camp pour les lieutenants de *royal vaisseau;* le Parlement, en se retirant du Palais, en délibérant en secret des arrêts souverains, en faisant pendant la nuit des défenses de lever l'impôt, en décrétant le duc de prise de corps, et en expédiant, pour exécuter cette sentence impuissante, ses huissiers malencontreux, qui vinrent heurter leurs robes noires et leur plumitif effarouché contre les mousquetons du gouverneur. C'est le signe assuré des révolutions, lorsque, dans un conflit des pouvoirs publics, chaque parti paraît à peu près dans son droit et que, comme l'a dit un homme de notre temps, on peut se demander vraiment « où est le devoir ». C'est un peu ce qui se passait alors à Toulouse; mais, au fond, on sent bien que le Parlement manquait à la fois de sagesse, de patriotisme et de politique. L'égoïsme parlementaire avait remplacé l'amour du pays, et, dans toutes ces levées de mortiers, il s'agissait bien plus de l'orgueil d'un corps que de l'intérêt du peuple. Ce n'étaient plus ces grands souffles d'indépendance qu'on voit passer sur les vieux Parlements bourgeois de nos guerres civiles; ce n'étaient que des bouffées de vanité folle qui gonflaient les robes factieuses de la *cohue des Enquêtes*.

Mais ce qui rendait surtout cette lutte redoutable, c'est qu'elle était concertée. D'un bout à l'autre du royaume, les Parlements s'envoyaient des adresses de condoléance, des félicitations séditieuses et des encouragements à persévérer. Dans leur langage nouveau, chacun d'eux formait *une classe* d'une grande confédération solidaire; et c'est là que, pour

la première fois, on vit paraître ces grands mots *d'u-
nité*, *d'indivisibilité* que la révolution allait reprendre bientôt pour son compte. Cette étonnante anarchie
devait cesser. La Cour crut les Parlements assez décré-
dités par les scandales de leur résistance pour qu'elle
pût sans crainte les briser. Un homme hardi se char-
gea de cet immense coup de main, et la révolution
Maupeou commença. Le Parlement de Paris fut le
premier frappé. Supprimé en janvier 1770, et remplacé provisoirement par une commission du Conseil
d'Etat, il fut constitué trois mois après sur des bases
nouvelles. Les Parlements de province furent à leur
tour détruits et transformés, sans que nulle part l'o-
pinion parût s'émouvoir. Ces querelles bruyantes,
d'où n'était sorti pour la nation aucun allégement,
ne lui avaient laissé que du mépris; et, n'attendant
plus rien de personne, ce peuple moqueur se mit à
rire de tout le monde. Tout y prêtait : la rage des
parlementaires congédiés, qui ne voulaient rien oublier; la gaucherie des nouveaux venus auxquels il
fallait tout apprendre, — et l'égalité d'âme de quelques anciens magistrats qui, disparus un moment
dans le commun naufrage, se retrouvaient assis dans
les nouveaux conseils, avec cette sérénité patriotique
des hommes qui ont vieilli dans les emplois. Alors
éclata en pamphlets, en vaudevilles et en chansons
cette furie de gaîté qui marque en France tous les
grands malheurs; mais les ennemis de la réforme

furent les plus nombreux et les plus bruyants. Les
salons, les ruelles et les carrefours retentirent de refrains qui ne sont guères plus spirituels ni moins
atroces que les chansons de la Ligue, les mazari-
nades et la carmagnole, et dans lesquelles on demandait *la tête du chancelier* sur tous les airs à
boire de la saison. Telle est notre ignorance qu'aujourd'hui encore c'est par ces vaudevilles monstrueux
que nous pensons connaître cette histoire et que
nous prétendons la juger. Mais M. de Bastard for-
cera tous les esprits sincères à y regarder de plus
près. Dans des pages convaincues et courageuses,
avec un esprit libre de préjugés, il se déclare le défenseur du chancelier qui, après tout, a jeté les fondements de l'organisation judiciaire actuelle de la
France.

« Ce qui lui manqua, dit-il, ce fut d'avoir eu pour
« collègues des hommes que la France estimât, unis
« entre eux et se respectant eux-mêmes ; de n'avoir
« pu lutter contre les intrigues de cour qu'en se rap-
« prochant de Mme du Barry dont il était réduit à se
« rendre le familier ; de n'avoir pu séparer ses plans
« de réforme des édits enfantés par l'abbé Terray ;
« et plus encore de n'avoir pu réunir la famille
« royale qui entraîna le jeune monarque à détruire
« l'œuvre par laquelle son aïeul avait terminé sa car-
« rière. Sans cet acte d'inqualifiable faiblesse, la
« réforme du chancelier aurait réussi, et sa mémoire

« aurait été vengée des injures qu'on lui prodigua
« pendant sa vie. »

Mais déjà, parmi ses contemporains, le chancelier
avait trouvé des partisans qui pouvaient lui faire prendre en patience bien des chansons ; c'étaient Voltaire
et Turgot. Aujourd'hui que toutes ces passions sont
mortes et que l'histoire fait taire les pamphlets, sans
dire avec Voltaire que Maupeou fut « un autre Lhos-
pital, » il est permis d'assurer que c'était un esprit
pénétrant et juste, avec beaucoup de résolution et de
sang-froid.

Les Parlements Meaupeou durèrent quatre ans,
sans que la nation parût les prendre bien au sérieux.
Le premier acte politique de Louis XVI fut de les sup-
primer, au moment où l'habitude et la nécessité
allaient peut-être les affermir. On sait quel fut le court
réveil des anciens Parlements. Rétablis dans leur
apparat, mais non dans leur prestige, ils subirent le
vertige commun qui poussait tout vers l'abîme : toutes
les révoltes rencontrèrent en eux des complices, toutes
les réformes des ennemis. Suspendus par le roi, la
Révolution les trouva en vacances : « Qu'ils y restent,
« dit Mirabeau, pour n'en plus sortir. Il n'y aura pas
« de rentrée, et ils passeront de l'agonie à la mort. »
Telle fut la sentence des Parlements : un décret de
l'Assemblée nationale fit le reste.

Mais leur mort, du moins, fut digne d'eux. En

1794, une protestation du Parlement de Paris, découverte chez le président de Rosambo, excita la fureur de Fouquier-Tinville. Le 1ᵉʳ floréal an II, le jour de Pâques, dans notre vieux Palais de Justice, dans la chambre de saint Louis, où le Tribunal révolutionnaire siégeait, comparurent vingt-cinq accusés, dix-sept membres du Parlement de Paris, six du Parlement de Toulouse. La protestation fut le prétexte de ce sanglant procès :

« En entendant la lecture de cet écrit qui contenait « la condamnation de ses malheureux collègues, le « président de Rosambo, se tournant de leur côté, « leur demanda pardon de les avoir nommés : « Je « vous rends grâce, monsieur, lui répondit M. de « Saron, *et je vous remercie de la confiance dont* « *vous m'avez honoré, et que je me serais efforcé de* « *mériter en ne cessant de vous prendre pour guide.* » « Tous les accusés adhérèrent à cette parole su- « blime, et pour toute réponse, quand on demanda « au premier d'entre eux ce qu'il voulait faire de la « protestation : — *La remettre avant de mourir au* « *plus ancien conseiller de la Chambre.* » Et tous « ajoutèrent cette phrase si connue dans les délibéra- » tions parlementaires: « *Et moi de même,* — *Et moi* « *de même,* » — aussi simplement qu'ils l'auraient « fait sur le banc de la grand'chambre. »

Tous furent exécutés le lendemain. Ce fut la pre-

mière *fournée des parlementaires*. Bien d'autres
suivirent celle-là. « J'ai vu, dit un témoin, quarante-
« cinq magistrats du Parlement de Paris et trente-
« trois du Parlement de Toulouse aller à la mort du
« même air qu'ils marchaient autrefois dans les
« cérémonies publiques. »

Ainsi tombèrent les Parlements de France : que
d'autres comptent leurs fautes, je ne me souviens en
ce moment que de leur grandeur.

Si j'ai su donner quelque idée du livre de M. de
Bastard, on peut voir que les recherches, les documents, les détails, les récits émouvants et les anecdo-
tes curieuses y sont jetés à pleines mains. Dans cette
profusion généreuse, l'ordre, la méthode et les vues
d'ensemble manquent souvent ; l'intérêt et le mouvement presque jamais. L'auteur a, sur tout ce qu'il
raconte des idées nettes et fermes, qu'il présente de
front et dont la discussion mènerait loin. A vingt endroits, j'ai meurtri les marges de coups de crayon
menaçants ; mais il est trop tard pour disputer. Il y
a seulement un trait général que je voudrais signaler,
et que je ne saurai pas faire comprendre : Les races
de magistrature ont, comme les races de guerre, des
vertus, des défauts, des traditions et des préjugés qui
courent d'âge en âge avec leur sang et qui les font partout reconnaître : M. de Bastard a l'accent parlemen-

taire ; il ne s'en défend pas, et il parle avec quelque
affectation peut-être la vieille langue maternelle. J'ai
dit que l'histoire du Parlement de Toulouse était pour
lui une histoire de famille : beaucoup de gens prétendent qu'il s'en est trop souvenu, que son livre est trop
hanté par les fantômes de ses pères, et que c'est
comme un de ces vieux châteaux où *il revient* des
aïeux. Rien n'est plus doux que de mêler aux travaux
de l'esprit le culte secret, les passions et même les
chimères de son cœur ; mais ce grand charme a ses
dangers. Le lecteur est ombrageux et il veut qu'on
soit tout à lui : peu lui importe les ancêtres ; ces ombres domestiques l'importunent, et leur gloire même
l'inquiète. Il craint qu'en racontant les aventures publiques où ont figuré tant d'aïeux, la piété filiale de
leur descendant ne s'attarde dans ces reconnaissances
illustres, et que l'épopée de la famille ne fasse quelque tort à l'histoire du Parlement... Mais voilà que
je fais comme le lecteur ! Heureux, après tout, les
écrivains qui peuvent s'attirer de si futiles querelles!
Heureux ceux qui, par le talent et par le cœur, peuvent faire revivre ce qui n'est plus, retrouver dans
le passé de chers souvenirs, et consacrer à des mémoires bien aimées des ouvrages durables et dignes
d'elles !

Avril 1858.

LE
DROIT NOBILIAIRE FRANÇAIS

ÉTUDE

PUBLIÉE DANS *LE DROIT*

DES 21 ET 22 JANVIER 1870

SUR LE LIVRE DE M. ALFRED LEVESQUE

AVOCAT A LA COUR IMPÉRIALE DE PARIS

LE

DROIT NOBILIAIRE FRANÇAIS[1]

Il manque à notre littérature politique un livre
utile, dont M. Levesque a fait un chapitre, et que,
mieux que personne, il saurait écrire. C'est l'histoire
des malentendus sans nombre qu'ont laissés dans nos
mœurs, dans notre langue et dans nos lois, les
aventures changeantes de notre pays. Cet ouvrage
nouveau pourrait s'appeler le livre des équivoques,
et *le Droit nobiliaire français au dix-neuvième
siècle* y trouverait naturellement sa place.

Pourquoi ne pas le dire? Notre histoire tout entière
est traversée par une tradition obstinée qui, même
de nos jours, pèse encore sur beaucoup d'esprits.

1. *Le droit nobiliaire français au dix-neuvième siècle*, par Alfred
Levesque, avocat à la Cour impériale de Paris. Un volume in-8, chez
Henri Plon.

C'est la légende de deux races d'hommes différentes,
vivant sans se mêler sur le même sol : l'une libre et
guerrière, continuant sur la Gaule conquise la domination des Romains; l'autre esclave et fille d'es-
claves, née sur la terre et pour la terre, s'élevant peu
à peu, au sein des communes affranchies, jusqu'à
ces arts serviles que dédaignait la main de ses
maîtres, mais gardant toujours, à travers le temps,
la marque et la tache de sa naissance. On a beau s'en
distraire ou s'en défendre, s'il y a chez nous une
noblesse, c'est dans cette vieille tradition mêlée de
vérités et d'erreurs qu'il faut chercher son origine.

La puissance du noble s'appuyait sur deux bases
solides : le titre, c'est-à-dire le signe du commandement; la terre, c'est-à-dire le prix de la conquête. Le
titre attaché au domaine; le service militaire rivé au
fief : la noblesse, d'abord, est là tout entière. C'était
en eux seuls, dans leurs chartes de famille, dans
leurs livres terriers et dans le témoignage de leurs
antiquités domestiques, que les nobles puisaient le
sentiment et l'orgueil de leur indépendante grandeur.

Mais, à la longue, cette notion primitive de la
noblesse se complique et s'obscurcit. Le temps éteint
peu à peu ces souvenirs lointains. La bourgeoisie, à
mesure qu'elle s'élève et qu'elle s'éclaire, combat
plus vivement la tradition de la conquête, le préjugé

du sang germain, ces vieilles fables mérovingiennes qui humilient son passé. Enfin, la royauté s'efforce d'énerver, en lui faisant perdre la mémoire ou l'illusion de son origine, cette féodalité gênante dont l'hommage ne rassure plus sa politique et ne suffit plus à sa fortune.

La langue, par une connivence nécessaire, devient la complice de la politique et des mœurs. Dès le seizième siècle, la noblesse n'est plus seulement l'état civil, la façon d'être de l'homme qui tient de sa race et de sa terre ses droits et son pouvoir. C'est une illustration mêlée qui, sans doute, emprunte encore au temps quelque chose de son prestige, mais dont le roi est l'arbitre et le dispensateur, qu'il fait commencer où il veut, dont il mesure à son gré l'importance, et à laquelle, sous son bon plaisir, quels que soient leurs aïeux, tous ses sujets peuvent prétendre. Les titres nobiliaires sont dans ses mains comme une monnaie d'État qui paye, suivant le temps, les services utiles au pays ou les complaisances agréables au prince.

Ce n'est pas tout. Nobles anciens ou nouveaux, l'exemption de l'impôt était leur commun privilège; et, de toutes les façons de se distinguer du vulgaire, celle-là, sans doute, était la plus agréable et la plus sûre. Mais pour l'obtenir il fallait payer finance. Il

fallait acquitter d'avance, d'un seul coup, la rançon
de ces subsides auxquels on allait se soustraire avec
toute sa race. Et comme la prévoyance n'a pas toujours été une vertu royale dans ce pays; comme les
besoins ou les caprices de l'heure présente l'emportaient souvent sur les visées de l'avenir, souvent,
sous la main d'un prince à court d'argent, la noblesse
devenait un expédient de fortune et la providence
banale du fisc aux abois. « C'était, dit M. Levesque,
un moyen si commode de battre monnaie, que le
pouvoir imposait quelquefois la noblesse à des riches
qui s'en défendaient vainement. »

Échanger l'impôt contre une taxe une fois payée,
troquer cette grosse rente contre un mince capital,
c'était, à vrai dire, manger son blé en herbe ; et les
économistes de nos jours y trouveraient beaucoup
à reprendre. Mais la dynastie besogneuse des Valois
n'y regardait pas de si près. D'ailleurs, il se rencontrait des princes mieux avisés qui, après avoir con-
féré la noblesse pour toucher la taxe, la révoquaient
plus tard, pour ne pas faire tort de l'impôt à leurs
successeurs. C'était un moyen comme un autre de
tenir les budgets en équilibre.

Ainsi faussée de toutes mains et menacée de toutes
parts, la noblesse, dès cette époque, n'était plus que
l'ombre d'elle-même. Mais, trahis par la royauté,

débordés par la bourgeoisie, envahis par les alliances
suspectes, et sentant avec effroi couler jusque dans
leurs veines des torrents de vile roture, les vrais
nobles, de sang et de race, luttent pied à pied contre
la foule qui les assiège. Ils se comptent, se serrent
et se défendent entre eux; ils multiplient autour
d'eux les barrières.

Tandis que leur prodigieux mépris tient à distance
la cohue des gentillâtres et des anoblis, ils prennent
le temps seul à témoin de l'antiquité de leur origine.
Renfermés dans leurs chartes, dans leurs généalogies
et dans le mystère de leurs impénétrables blasons, ils
s'efforcent d'enfoncer plus avant dans l'histoire les
fondements de leurs maisons et les racines de leur
lignage. Et ainsi, au sein de cette multitude confuse
qui se décore d'un même nom, l'on voit se former des
classes et des castes différentes, plus séparées entre
elles par leurs rivalités et par leurs dédains, qu'elles
ne le sont du reste de la nation par leurs privilèges.

Mais les nobles n'étaient pas de force à débrouiller
seuls ce chaos. Il y fallait des esprits plus déliés que
les leurs et des mains plus habiles. Là, comme ailleurs, les légistes se mirent à l'œuvre et tentèrent de
fonder sur ce terrain mouvant la règle, l'ordre et le
droit. Ils portèrent dans cette entreprise, sinon des
vues hardies et profondes, du moins leurs méthodes

pénétrantes et leur merveilleuse clarté. Au lieu de demander compte à la noblesse de son origine et de ses privilèges, ils réunirent de toutes pièces les traditions, les usages, les règlements confus qui les consacraient. De leurs travaux naquit une science étroite et ardue qui prit son rang au niveau de la science véritable; un *droit* de vanités et de privilèges, qui eut ses docteurs, ses scholiastes et ses juges. Dans les *librairies* des couvents et des écoles, les formidables in-folio du droit nobiliaire vinrent se ranger à côté des monuments immortels des vieilles lois romaines et de leurs grands commentateurs. C'est des mains de la roture que sortit la législation de la noblesse.

Si l'on veut se faire un idée de l'étonnante anarchie qui, malgré tant d'efforts, régnait dans cette science confuse, il faut lire le chapitre où M. Levesque essaye d'éclaircir et de discipliner ces ténèbres. Noblesse de race, noblesse d'inféodation, noblesse par lettres...; il en décrit patiemment dix espèces; et, avec la candeur charmante d'un savant, il s'excuse de ne pouvoir, en conscience, en trouver davantage. « Laroque, dit-il, a été jusqu'à vingt. » Y compris, sans doute, la noblesse utérine, celle de la maison de Sottenville où, comme chacun sait, le ventre anoblit.

Aux plus belles époques des lettres et de l'esprit

français, dans la seconde moitié du seizième siècle et pendant le dix-septième siècle tout entier, les philosophes, les moralistes, les poètes, les penseurs passent, eux aussi, devant cette grande institution de la noblesse, sans paraître touchés de l'iniquité sociale qu'elle couvre de son nom. Ils semblent avoir oublié ou n'avoir jamais connu les fabliaux vengeurs que, pendant le moyen âge, l'oppression féodale arrachait à la haine du peuple. Ils voient bien l'abus qu'un noble peut faire de sa puissance, ou le ridicule que son orgueil lui peut donner ; mais la noblesse elle-même, l'inégalité politique et civile qu'elle consacre, ce système d'exceptions, d'exemptions et de privilèges fondés sur les droits chimériques du sang ou sur la faveur du prince, à peine les plus hardis y touchent-ils d'un main timide.

Ils se bornent à faire dans les mœurs ce que les juristes ont fait dans les lois, c'est-à-dire à écarter des rangs de la noblesse les parasites et les intrus. C'est à peine si dans quelques passages ambigus de Montaigne, dans quelques-unes des inventions prodigieuses de Rabelais, ou, très loin de là, dans certaines profondeurs de Pascal, on trouve quelque allusion voilée à l'idée même ou au préjugé politique de la noblesse. Mais quant aux écrivains du grand siècle, ces pénétrants et clairs génies ne paraissent même pas y songer. Molière fait la police bien plus

que la satire du monde nobiliaire ; il rend ridicules
ses marquis, comme il fait Tartuffe odieux, parce que
si l'un compromet le ciel, les autres discréditent la
cour. Georges Dandin, M. Jourdain, M. de Sottenville,
M. de la Souche ne sont pas des nobles ridicules ; ce
sont de sots bourgeois et de faux nobles, qui veulent
jouer au grand seigneur, et dont le juste châtiment
donne aux roturiers du parterre la comédie de la
roture.

Boileau adresse au marquis de Dangeau une ampli-
fication formidable sur « la postérité d'Alfane et de
Bayard. » Mais, dès les premiers vers, il prend ses
sûretés :

> La noblesse, Dangeau, n'est pas une chimère,
> Quand, sous l'étroite loi d'une vertu sévère,
> Un homme issu d'un sang *fécond en demi-dieux*
> Sait suivre, comme toi, les pas de ses aïeux !

Les demi-dieux faisaient passer bien des choses,
même d'assez mauvais vers, et l'aimable Dangeau
put lire, au jeu du roi, ce lourd badinage, sans que
les hardiesses symétriques du poète et les transports
de « sa muse en fureur » lui aient fait perdre un
quartier de sa pension.

La Bruyère, ce spectateur taciturne des vanités de
son temps, raille durement les *Sannions* et les *Crispins ;* il s'amuse à les entendre vanter « leurs arbres

généalogiques, leurs écussons chargés de seize quartiers, leurs châteaux à tourelles, à créneaux, à machi-
coulis » ; dire en toute rencontre « ma race, ma
branche, mon nom et mes armes. » Sa haine contre
les parvenus, « qui n'ont point de grands-pères et qui
ensevelissent leur nom sous un meilleur », n'a d'égale
que le mépris de Saint-Simon pour « ces champi-
gnons de fortune » qui poussent dans une nuit à la
cour. Mais La Bruyère est plein de respect pour la
noblesse, et, s'il maltraite les Crispins et les Sannions, c'est pour mettre à l'abri de leurs entreprises
insolentes « les princes lorrains, les Rohans, les Cha-
tillons, les Foix et les Montmorencys. »

Je ne vois même pas que ce petit cercle d'*esprits
chimériques* [1] qui, vers le déclin du grand roi, s'était
goupé autour du duc de Bourgogne, ait conçu le
moindre doute sur l'origine et sur les droits de la noblesse. On sait que le duc de Beauvilliers était l'ami,
le confident politique de Saint-Simon, c'est tout dire.
Et quant à Fénelon : « Mettez au premier rang, dit Men-
tor, ceux qui ont une noblesse plus ancienne et plus
éclatante. Ceux qui auront le mérite et l'autorité des
emplois seront assez contents de se voir après ces
anciennes et illustres familles. La distinction la
moins exposée à l'envie est celle qui vient d'une

---

1. Louis XIV désignait ainsi Fénelon.

longue suite d'aïeux. » Et pour donner plus de poids
à ces conseils innocents, Fénelon les met dans la
bouche de Minerve elle-même! Voilà ce que c'était
qu'un coup d'État dans le royaume d'Idoménée !

On le voit, ce qui inquiète ou irrite tous ces beaux
génies, ce n'est pas du tout la noblesse, c'est la contre-
façon et la singerie de la noblesse. Mais pour eux le
vrai noble, qui vient de haut et de loin, qui fait ses
preuves et justifie ses quartiers, semble toujours un
être à part, dont la supériorité ne se discute pas plus
que ses privilèges, et reste, comme eux, au rang des
maximes d'État et des lois de nature.

Il faut aller bien avant dans le dix-huitième siècle,
par delà Montesquieu et Voltaire, pour voir éclater,
enfin, une révolte sérieuse contre les vieilles
croyances.

J'ai dit qu'à travers toutes les vicissitudes de l'histoire et toutes les équivoques de la politique, la tradition de la différence des races était le fond même du
droit nobiliaire. Dans les premiers temps de la Régence, presqu'au même moment, avec les mêmes
passions, avec des talents de même race, dans des
travaux ignorés de leur vivant et dont la postérité
devait avoir la surprise, deux nobles écrivaient sépa-
rément et, je crois, sans se connaître, les confessions

de la noblesse. Par leur sincérité dangereuse, ces
deux enfants terribles de la féodalité allaient réveiller, après tant de siècles, le redoutable problème de
nos origines. Tandis que, au jour le jour, dans ses
mémoires merveilleux, le duc de Saint-Simon prodi-
guait ses invectives de génie à la vile et servile roture, à ces traitants et à ces marchands *bombardés
nobles* de la veille, le comte de Boulainvilliers faisait de la théorie des deux races la base même
de ses études historiques, et lançait à la fois contre
le peuple et contre la royauté, ses paradoxes hau-
tains :

« Depuis six cents ans, dit-il, les *roturiers Escla-
ves*, d'abord affranchis, puis anoblis par les rois, ont
usurpé les emplois et les dignités de l'État, tandis
que la noblesse, *héritière des privilèges de la conquête*, les perdait un à un, et allait se dégradant de
siècle en siècle. »

Plus tard, Dubos, Mably, Mlle de Lézardière, dé-
battirent ce système altier en tâchant de l'accommoder
aux goûts et aux passions de la bourgeoisie. Mais au
seuil de la Révolution, Sieyès le releva comme un
défi, et l'on connaît la réponse qu'il a faite au nom
du tiers état insurgé :

« En vérité, si l'on tient à distinguer naissance et

6

naissance, celle qu'on tire des Gaulois et des Romains vaut au moins autant que celle qui viendrait
des Sicambres, des Welches et autres sauvages sortis
des marais de l'ancienne Germanie. — Oui, dira-t-on,
mais la conquête a dérangé tous les rapports, et la
noblesse a passé du côté des conquérants. — Eh
bien! il faut la faire repasser de l'autre côté. Le tiers
redeviendra noble en devenant conquérant à son
tour! »

Voilà désormais la question nettement posée des
deux côtés. On sait comment l'Assemblée constituante
la trancha. Noblesse, titres, privilèges, d'un seul coup
elle abattit le vieil arbre tout entier. Bientôt après,
les excès de la Révolution, j'ose dire ses crimes, et les
héroïques infortunes de la noblesse française, vinrent donner à celle-ci, dans le monde entier, le prestige d'une tragique popularité. Mais sa chute ne laissa
dans le cœur de la nation qu'un souvenir doulou-
reux et religieux; ce fut une légende de plus qui
prit sa place, après tant d'autres, parmi les aventures
lugubres de notre histoire; et, sauf quelques rêveurs,
nul ne songeait que, sur ce sol durement nivelé, pût
jamais reparaître aucun vestige de cette antique institution, ainsi coupée dans ses racines. On se trompait. Dix années à peine s'écoulèrent entre le vote
qui fit tomber les titres nobiliaires et le décret impérial qui les fit renaître.

Lorsque Napoléon voulut « entourer son trône de l'éclat qui convenait à sa dignité », il ne demanda pas à son génie une invention politique nouvelle. Il crut n'avoir qu'à reprendre, en les rajeunissant un peu, les décors brillants dont l'ancienne monarchie avait rehaussé sa splendeur. Dans la hiérarchie pompeuse qui semblait être, à ses yeux, l'idéal de la Société moderne, la pensée d'une classe supérieure de sujets s'étageant symétriquement sur les marches du trône, entre le souverain et le peuple, devait avoir naturellement sa place. Il est permis de croire que ce grand esprit méthodique envisageait avec complaisance l'auréole régulière de ducs, de comtes et de barons dont les rayons reflétaient jadis, à distance, l'astre solitaire du grand roi.

Il y avait là un entourage qui flattait sa toute-puissance ; et dans la pensée de ce conquérant, pleine des images et des fêtes de la guerre, la noblesse relevée figurait assez bien l'état-major de la couronne. « Il n'est pas vrai, dit M. Levesque, que Napoléon ait voulu jeter les bases d'une noblesse héréditaire. Il n'a jamais rien prétendu de semblable.... On ne rencontre pas le nom de noblesse dans les actes législatifs du premier empire. Il n'y est jamais question d'autre chose que des titres impériaux. » C'est là, de la part du clairvoyant écrivain, une illusion singulière. Napoléon était trop habile sans doute,

et trop jaloux de son pouvoir, pour relever la noblesse féodale avec ses privilèges politiques, et pour
préparer à sa dynastie les dangers que les efforts de
Louis XI, de Henri IV et de Richelieu avaient si labo-
rieusement conjurés. Mais, sauf les privilèges, que
manquait-il à cette renaissance dangereuse pour
froisser tous les instincts et toutes les passions de
ce pays? A une démocratie envieuse et folle des
honneurs, on donnait l'insupportable spectacle des
honneurs transmis par droit d'héritage, et des rangs
fixés par droit de naissance. Les *titres impériaux*,
c'était précisément ces vieux titres de ducs, de comtes,
de barons qui, dans la mémoire du peuple, perpé-
tuaient, depuis des siècles, la sourde tradition de la
conquête. Avec eux, on voyait reparaître les armoiries, les devises, les cimiers, les dragons et les chimères, toutes ces fantaisies bizarres et barbares du
blason, dont les figures mystérieuses étaient restées
dans la superstition populaire comme l'image même
de la noblesse. On voyait enfin l'empereur, après
chaque campagne, distribuer à ses généraux des
domaines, des revenus, des noms arrachés aux ter-
ritoires conquis, et faire remonter ainsi le droit nobiliaire jusqu'à ses plus violentes origines. Comment
ne pas s'y méprendre ? Comment croire que ces
enluminures glorieuses de la chevalerie avaient perdu
tout à coup leur sens séculaire ? Comment être assuré que les nobles nouveaux, décorés des mêmes

titres que les anciens, n'auraient pas un jour les
mêmes prétentions que leurs devanciers?

Est-il vrai d'ailleurs, comme le croit M. Levesque,
que ces titres impériaux ne fussent que l'apparence
et la *vaine écorce* de la noblesse? Et les substitutions?
Et les majorats? Et le droit d'aînesse? Et le privilège
des mâles?... N'étaient-ce pas là autant de réalités
violentes qui pénétraient jusqu'au fond de la vie
civile et jusqu'au cœur des familles, détruisant entre
les enfants l'égalité des partages, entre les citoyens
l'égalité des contrats, créant à la paresse ou à l'improbité des fils de famille des réserves inviolables
et des immunités scandaleuses, constituant, en un
mot, la contravention la plus choquante que le
législateur du Code pût faire à son œuvre? Les honneurs et les biens substitués à perpétuité dans certaines familles, un ordre de succession au-dessus du
droit commun, des lignées légalement illustres pour
toujours et désignées au respect public par des distinctions héréditaires... ce n'était pas là, sans doute,
l'ancienne noblesse tout entière, mais c'en était, au
moins, un bien grand reste; c'était tout ce que la
France pouvait en supporter désormais; c'était surtout beaucoup plus qu'il n'en fallait pour continuer
au sein du pays la longue équivoque de l'inégalité
sociale fondée sur la différence du sang et sur la seule
vertu de la naissance.

Peu importe donc que, « dans les actes législatifs de l'Empire, on ne rencontre pas le mot de noblesse. » Si le mot n'est pas dans la langue officielle, il est dans la langue vulgaire, dans la conscience publique et dans l'histoire elle-même, où la *noblesse impériale* a sa place aujourd'hui, comme elle l'avait alors sur les champs de bataille et dans les conseils du souverain.

En 1814, les auteurs de la Charte ne s'y sont pas trompés. Quand ils ont dit que la noblesse ancienne reprenait ses titres et que la *noblesse nouvelle* gardait les siens, ils ont donné aux dignitaires de l'Empire leur vrai nom, et je ne saurais admettre la critique de M. Levesque sur ce point. Si la Charte, comme il le fait remarquer avec justesse, a eu le tort ensuite de parler de privilèges, c'était une erreur excusable. Entre le passé et le présent, la méprise était si facile ! Un vieux pays comme le nôtre ne se débarrasse pas aisément de ses habitudes, et, en France, pendant longtemps encore, toutes les fois qu'on écrira le mot *noblesse*, le mot *privilège* viendra tout seul au bout de la plume.

D'ailleurs, avec l'antique maison de Bourbon, il fallait s'attendre à voir reparaître beaucoup d'idées, beaucoup de souvenirs que la France avait depuis longtemps oubliés, et dans cette vieille monarchie qui

voulait, disait-elle, « renouer la chaîne des temps, »
comment la noblesse n'aurait-elle pas tenté de reprendre sa place?

Pendant vingt ans, les émigrés avaient, pour la
plupart, vécu dans des États où, sous des formes très
diverses, la noblesse avait conservé tout son prestige.
Les uns avaient vu l'Angleterre gouvernée par une
aristocratie puissante, mêlée à toutes les affaires d'un
grand peuple, soutenue par les mœurs nationales,
par des richesses immenses, par de grands talents
politiques, par de grands bonheurs militaires, et
poursuivant, l'or ou les armes à la main, la guerre
infatigable où venait de succomber le génie de
Napoléon.

D'autres avaient vieilli à Berlin, à Vienne, dans les
petites cours d'Allemagne peuplées de ducs, de
barons, de chapitres nobles, de comtes-évêques, et
où l'on voyait encore des margraves! Au fond de ces
chancelleries auliques dans lesquelles se conservaient
les chartes et les rites de la féodalité, ils avaient
trouvé, non la religion, mais la dévotion et la super-
tition de la noblesse. Enfin, ils avaient vu la Révolution française étouffée sous le poids de cette vieille
panoplie germanique, l'oriflamme de Bouvines et de
Fontenoy remplacer les guidons de Fleurus et de
Marengo. A vrai dire, c'étaient les peuples seuls qui

avaient remporté cette victoire; c'était le souffle de l'indépendance et l'espoir de la liberté qui avaient soulevé dans les universités et dans les tavernes les multitudes roturières de Leipzig, de Dresde et de Waterloo. Mais des yeux peu clairvoyants pouvaient s'y méprendre, et considérer la défaite de la France comme le triomphe de l'ancien monde sur le monde nouveau.

Il ne faut ni s'étonner, ni s'irriter des prétentions surannées que le retour des Bourbons fit éclore, et des dédains que les émigrés firent paraître, soit envers les gens de « pleine et parfaite roture », soit envers ceux que Napoléon avait essayé d'anoblir.

C'est en vain que la Charte tenta une conciliation habile, et qu'en confondant ensemble l'ancienne et la nouvelle noblesse, elle voulut faire partager aux descendants des croisés la popularité des soldats d'Austerlitz et de Moscou. Les vieux nobles rejetèrent avec hauteur cette mésalliance, et, une fois encore, du fond de l'histoire, on vit s'élever entre la royauté et la bourgeoisie l'antique fantôme de la féodalité.

De cette apparition éphémère, il n'est resté que quelques figures plaisantes, quelques types populaires, mêlés, pour les hommes de mon âge, au souvenir des chansons et des caricatures de notre enfance. L'épée de cour, l'habit à la française, les ailes de pigeon des *ultras* et des *voltigeurs de Louis XIV* ne rappelaient que de fort loin la framée des chefs francs, le heaume et la cotte d'armes des barons du moyen âge. Mais il y avait dans ces parodies féodales un fond assez sérieux pour que le gouvernement en ait pris ombrage; et, quant à la bourgeoisie, on peut voir dans la littérature courante de cette époque comment elle accueillait ces revenants. Madame de Prétintailles et le marquis de Carabas ne sont que des chansons, et Béranger n'était pas un grand politique. Mais c'était un témoin très attentif et très fin des choses de son temps. Il voyait clair, entendait bien et chantait juste. Personne ne ressentait mieux que lui ce qui agaçait la fibre gauloise et ne l'exprimait avec une gaieté plus amère :

> Voyez ce vieux marquis
> Nous traiter *en peuple conquis...*

Voilà pour le peuple. Et quant au roi :

> Mais s'il ne me rend
> Les droits de mon rang,
> Avec moi, corbleu!
> Il verra beau jeu...

C'est Saint-Simon et Boulainvilliers mis en petite musique; c'est la réplique de Sieyès ajustée aux timbres du Caveau. Mais l'air n'y fait rien, et sous ces refrains gaulois, répétés avec transport par la bourgeoisie, on sentait courir encore la vieille haine des deux races, réveillée par d'imprudentes entreprises.

Ai-je besoin de dire que la noblesse tout entière n'était pas complice de ces folies? Elle comptait alors dans ses rangs un grand nombre d'esprits éclairés, très au courant des idées modernes et dévoués sincèrement à les servir; des hommes qui, dans ces temps difficiles, firent preuve d'un courage, d'une droiture, d'une clairvoyance admirables, et dont les talents supérieurs ont laissé dans ce pays d'impérissables souvenirs. Mais on juge rarement les partis sur ce qu'ils ont de meilleur. Ils se livrent surtout par leurs excès et par leurs travers, et c'est par là qu'ils restent dans la mémoire des contemporains.

Quoi qu'il en soit, la noblesse donna au gouvernement des Bourbons beaucoup d'embarras et bien des soucis. Elle le compromit moins encore par les concessions qu'il lui dut faire, que par les souvenirs dangereux qu'elle portait avec elle. Ces grands noms de la féodalité, ces antiques familles dont le trône était entouré, cette cour pompeuse où revivaient les titres, les usages, le cérémonial de l'ancienne monarchie, excitèrent l'inquiétude du pays, tombé tout entier en roture. Servis par d'inexplicables maladresses, les

partis prêtèrent au pouvoir, de ce côté, des arrière-
pensées qu'il n'eut sans doute jamais. Bien qu'il ne
laissât reprendre à la noblesse aucun de ses anciens
privilèges, on put croire qu'il voulait les lui rendre
tous; et quand vinrent les grands malheurs, quand
la dynastie succomba sous une révolution, on compta
au premier rang de ses fautes ce qui n'était que le tort
presque inévitable de sa destinée.

Ce n'était pas de ce côté que devait pencher et
tomber la royauté de 1830. Son origine, ses intérêts
évidents, le bon sens et les goûts personnels du
prince la préservaient assez de ce danger. D'ailleurs,
pendant longtemps, la vieille noblesse, par sa froideur
et par ses dédains affectés, lui épargna des avances
inutiles. Des souvenirs fidèles et des engagements
inviolables, qui semblaient attachés à de certains
noms, éloignaient de la dynastie nouvelle un grand
nombre de familles illustres. Et si, dans la suite,
plusieurs d'entre elles se rallièrent autour d'un roi
— qui était, après tout, d'assez bonne maison, —
ces rapprochements de pure convenance demeurèrent
sans importance politique aux yeux du pays.

Vers son déclin, s'il faut tout dire, cette royauté
citoyenne fut bien prise de quelques velléités nobiliaires. Elle fit, je crois, quelques ducs, plusieurs
comtes et une douzaine de barons. Mais ce n'étaient

là, pour la plupart, que des concessions commandées par des exigences parlementaires ou par les bienséances de la diplomatie ; et le vieux roi, qui connaissait mieux qu'homme de France son droit nobiliaire, savait au juste ce que valaient ces bâtons flottants de la politique. En abolissant les majorats, le gouvernement porta d'ailleurs à la noblesse le coup le plus sensible qui la pût atteindre, et jusqu'au jour où la bourgeoisie se donna la surprise de le renverser, ce règne bourgeois garda fidèlement la physionomie roturière qui convenait à son origine.

Pendant dix-huit ans, le parti républicain avait trouvé dans les rangs de l'ancienne noblesse beaucoup plus d'alliés que d'ennemis, et la Révolution de Février lui aurait peut-être dû, en conscience, quelques égards. Cependant, comme on ne peut pas faire des barricades en pure perte, et comme le nom seul de la République lui imposait quelques impolitesses héréditaires vis-à-vis des *aristocrates*, le gouvernement nouveau se crut obligé d'abolir les titres de noblesse. Pendant trois mois au moins, les ducs, les comtes et les barons de toute provenance durent, par décret, se marier et mourir sans phrases, sans titres, avec leurs noms *de dessous*, comme des vilains. Les contrats de mariage et les inventaires y perdirent quelque chose de leur lustre, et ce fut un grand crève-cœur pour les notaires ; mais il dura peu. —

« Avec votre Riquetti, disait le grand Mirabeau, vous avez désorienté l'Europe pendant trois jours ! » Cette fois l'Europe ne fut pas désorientée pour si peu. L'habitude et les mœurs, plus fortes que les décrets, eurent vite raison de cette boutade démocratique. La vanité française, qui prend partout ses avantages, fut même sur le point d'inventer alors une noblesse nouvelle, l'aristocratie des républicains de naissance et des petits-neveux de la Convention qui, après avoir flétri publiquement « les hochets de la vanité », tenta de supplanter dans le nobiliaire français les descendants des Preux et les arrière-petits-fils des Croisés. C'était l'Almanach de Gotha de la République. Il n'eut qu'une saison, et le gros de la nation se contenta d'en rire.

L'avènement du second empire devait réveiller à l'endroit de la noblesse les espérances ou les craintes que le premier avait fait naître. On pouvait prévoir que le nouveau souverain, qui allait évangélisant le monde au nom des idées napoléoniennes, relèverait, avec tout le reste, ces titres nobiliaires dont le chef de sa race avait environné sa couronne. Bientôt, en effet, on put lire dans un décret impérial que la noblesse était *une des institutions de l'État.* Bientôt aussi, dans les cérémonies publiques, on vit, comme autrefois, le cortège des grands officiers, des grands veneurs, des grands écuyers, des chambellans et des

préfets du palais, illuminer, par la magnificence de
leurs costumes, les fonds unis et ternes de la démocratie. Les armoiries et les blasons paraissaient être
le complément naturel de cette restauration fastueuse.
On s'attendait à des barons, à des comtes, — presque
à des marquis, — et plus d'une fois la malice publique anoblit en bloc les amis les plus dévoués du
régime nouveau. Cependant le second empire fut, en
ce point, plus sobre qu'on ne l'aurait pu croire.
Après avoir caressé de leur ombre plus d'une tête
bourgeoise, les couronnes ducales descendirent seulement sur quelques fronts voisins du trône ; ce fut
affaire de famille et d'intimité. Peu à peu, à petit
bruit, la ville et la cour se peuplèrent bien d'un certain nombre de nobles qui, la veille, s'étaient endormis dans la roture. Mais, quoi qu'en eût dit le décret,
c'étaient là des accidents plutôt qu'une institution.
Sauf quelques titres qui consacrèrent de grands services militaires et des gloires chères au pays, personne ne prit fort au sérieux ces distinctions vides,
que la vanité, la mode, ou des ambitions subalternes,
dérobaient à la main distraite du souverain.

Les choses en étaient là lorsque parut la loi du
28 mai 1858, qui punit de peines correctionnelles
« quiconque, *sans droit*, et en vue de s'attribuer une
distinction honorifique, aura publiquement *pris un
titre* (de noblesse) changé, altéré ou *modifié* le

nom que lui assignent les actes de l'état civil. »

A mon sens, le premier tort de cette loi était d'être une loi inutile. Elle procédait, avec beaucoup d'autres, de ce besoin, j'ai presque dit de cette manie de répression universelle qui a marqué les premières années du second Empire. On voulait tout prévoir, tout atteindre, et rétrécir toutes les mailles de nos lois pénales, afin que rien ne leur pût échapper. Mais pour qui connaît la sagacité de nos juges, c'était là un soin superflu. J'ose dire que, lorsque l'on assiste à leurs audiences, ce qui frappe davantage, ce n'est pas l'impuissance de la justice et la crainte de l'impunité. Notre législation pénale est pleine de nuances, et nos magistrats excellent à les saisir...

Si donc la loi de 1858 a voulu punir les entreprises des fripons sur la crédulité des sots, c'était un soin chimérique : le Code pénal et l'intelligence du juge suffisaient à cette tâche. Mais si la nouvelle loi a voulu, comme tout l'indique, créer un délit spécial, et protéger, avec les titres nobiliaires, ce qu'à tort ou à raison l'on appelle la noblesse, alors c'est plus qu'une loi inutile, c'est une loi dangereuse et qui porte avec elle d'inextricables embarras.

« Ceux qui prennent des titres sans droit, « dites-vous?... — Mais alors quel est *le droit* en cette ma-

tière? S'il y a de vrais nobles et de faux nobles, à
quelles enseignes, à quelles marques légales les peut-
on reconnaître? Où commence, où finit la noblesse?
Les titres sont-ils des signes nobiliaires? Ceux qui les
demandent savent-ils ce qu'ils veulent? Ceux qui les
donnent savent-ils ce qu'ils font? Ceux qui les portent savent-ils ce qu'ils ont? Telles sont, d'abord,
les questions qu'il faut résoudre, et qu'avec une érudition profonde M. Levesque s'est efforcé d'éclaircir.
Vainement le législateur les veut écarter, en disant
que « la loi n'a pas entendu confier aux Tribunaux
de justice répressive le soin de procéder à une révi-
sion générale de tous les titres de noblesse. » Soit.
Mais s'il ne s'agit pas de faire un recensement général de la noblesse, il s'agit au moins, pour chaque
affaire, de constater le droit, de vérifier le titre contesté. Si vous ne confiez pas ce soin aux Tribunaux
correctionnels, il faudra bien que les Tribunaux civils
en restent chargés, et qu'importe la compétence, si la
difficulté ne change pas?

Vainement aussi, pour résoudre ces insolubles
problèmes du droit nobiliaire, le législateur donne
au juge quelques indications obligeantes, et le ren-
voie négligemment aux « usages de l'ancienne monarchie. » M. Levesque démontre que « rien n'est
plus vague et plus flottant que les usages de l'ancienne monarchie, que c'est un chaos d'incertitudes

et de contradictions... » Et c'est justement pour débrouiller ce chaos qu'il a entrepris son ouvrage.

Enfin, si l'on veut se faire une idée juste des embarras et des dangers qu'entraîne avec elle une mauvaise loi, il faut lire les commentaires officiels qui accompagnent celle-ci. A peine est-elle faite, qu'il faut l'envelopper de précautions, de restrictions, de circulaires et de post-scriptum minutieux ; lui mettre des lisières et des sourdines ; la garantir contre l'ardeur indiscrète et contre l'inexpérience héraldique de ceux qui la doivent appliquer. Prenez bien garde, dit-on aux parquets ; ce n'est pas une loi comme une autre. Pas de zèle ! Ne choquez pas inutilement des sentiments respectables ; ménagez des situations délicates ; sachez, suivant l'occasion, parler ou vous taire ; agissez à propos, arrêtez - vous juste à point... ou plutôt, non : « N'intentez aucune poursuite sans avoir reçu des instructions spéciales... » En d'autres termes : Ayez de la fermeté, de la prudence, la main légère, beaucoup d'esprit, infiniment de tact... et, pour plus de sûreté, avant de rien faire, demandez au ministre ce que le magistrat doit penser.

M. Prévost-Paradol, dit M. Levesque, appelle ces sortes de lois des *lois facultatives*. J'ajoute que Montaigne les aurait appelées des lois *pour l'ami*, comme

7

il appelle certains procès. Et, quant à notre auteur :
« Voilà, dit-il avec beaucoup de bon sens, voilà le
malheur des lois qui ne sont pas un produit naturel
de l'état social au sein duquel elles sont nées... »

La loi dont je parle a encore un autre malheur,
c'est de laisser croire au pays qu'il existe en France
une noblesse, j'entends une institution protégée par
une législation faite pour elle seule, et par un droit
qui n'est pas le droit commun. Les esprits éclairés
savent bien qu'il n'en est rien ; que les titres ne sont
pas la noblesse, et qu'il n'y a plus aujourd'hui de
privilège ni dans nos mœurs, ni dans nos lois. Mais
tout le monde n'a pas lu Laroque, Tiraqueau, le père
Ménestrier, le rapport de M. Dumiral, ou, — ce qui
vaudrait mieux que tout le reste, — le livre excellent
de M. Levesque ; et faire des lois comme celle-ci,
c'est, à mon avis, entretenir dans le commun des
esprits un de ces malentendus fâcheux dont je parlais en commençant cette étude.

Sans doute à l'ombre de l'idée ou du préjugé de
la noblesse, il s'est formé, au cours du temps, une
société bâtarde, parée de titres frelatés, dont les prétentions et la sottise incommodent parfois les honnêtes gens ; une espèce de demi-monde suspect,
apparenté de Jodelet et de Mascarille, où foisonnent
encore les Dorante et les Florimond, les Dorimène

et les Julie, les chevaliers besoigneux et les comtesses
galantes de nos anciennes comédies. Tous ces petits
personnages à faux titres et à faux poids s'agitent
dans un demi-jour convenu où l'on n'envisage personne de trop près, et dont la politesse et l'indifférence de nos mœurs s'accommodent. Mais que faire?
Tant que ces noblesses véreuses ne tournent pas
décidément à l'escroquerie, elles ne relèvent d'aucun
code. Elles tombent dans ce fonds commun de sot-
tises et de travers que toute vieille société porte avec
elle, où ni les gouvernements ni les lois n'ont rien
à reprendre. C'est au monde à faire lui-même la
police de ses vanités; et, en France, il faut bien laisser quelque chose au ridicule.

M. Levesque est désormais le grand justicier de
ces abus; et pour faire cette police dont je parle,
son livre est maintenant un guide nécessaire. A voir
passer et repasser autour de lui ce monde interlope
et ces blasons de comédie, il a été pris du désir
bourgeois de faire une trouée vigoureuse dans ce
petit chaos prétentieux où la sottise et la vanité se
ménagent à la longue d'impénétrables retraites.

A entendre ce jargon héraldique qui court aujour-
d'hui les salons de la roture, il a senti l'impatience
d'un musicien qui entend chanter faux de toutes
parts, ou d'un lettré qui écoute depuis quelque temps

des solécismes. Il a voulu rendre aux choses leur
vrai son, et aux mots leurs vrai sens. La loi de 1858
l'a enfin poussé à bout, et en voulant faire le com-
mentaire de cette loi malheureuse, il en a fait, comme
on devait s'y attendre, la critique la plus cruelle et la
plus sensée.

Ce n'est pas tout d'écrire dans des documents officiels ces grands mots de noblesse, droit nobiliaire,
titres impériaux, usages anciens de la monarchie ;
encore faut-il, quand on en parle, savoir clairement
ce que l'on veut dire. Et, pour le savoir, M. Levesque s'enferme hardiment dans le labyrinthe du droit
féodal ; il secoue l'écheveau embrouillé des lois nobiliaires ; il cherche le bout du fil, il le tient, il ne le
quitte plus ; il explique ce que c'étaient que les blasons, les armoiries, les timbres et les quartiers ; comment la noblesse s'acquiert, comment elle se trans-
met et comment elle se perd. Il fouille le vestiaire
poudreux de la féodalité pour retrouver la forme du
lambel et du tortil. Il tire de leur poussière les in-
folios oubliés de Balde et d'Alciat. Puis, quand il s'est
mis sur les bras cet effroyable bagage, il le jette devant nos législateurs et nos juges, en disant aux uns :
« Pour faire votre loi, voilà ce qu'il fallait savoir ; » et
aux autres : « Pour l'appliquer, voilà ce que vous
devez apprendre. Lisez et instruisez-vous : *Eru-
dimini.* »

Au reste, il arrive souvent qu'en dehors de la loi de 1858, les tribunaux aient à juger des questions nées du droit nobiliaire. Dans ces dernières années, des distractions de chancellerie et des compétitions illustres ont soulevé de graves procès dont le palais conservera la mémoire. M. Levesque les examine à son tour et fait sur le vif l'application des principes. Ces dissertations sont des modèles. Celle qu'il donne sur l'affaire de la famille de Montmorency contre le duc de Talleyrand–Périgord est, à mon sens, un chef-d'œuvre de discussion juridique et suffirait à la réputation d'un écrivain et d'un avocat.

Malgré le vent qui nous pousse et les courants qui nous entraînent, ces sortes de questions se présenteront encore devant les tribunaux ; elles y reviendront aussi longtemps que le culte du passé, les souvenirs de la famille, les délicatesses de l'honneur dont, grâce à Dieu, cette vieille nation ne s'est pas encore affranchie, auront à se défendre contre les entreprises de la fraude et les surprises de la vanité. Noble ou vilain, il n'est indifférent à personne de laisser usurper le nom de son père.

Chaque fois qu'un procès de ce genre s'élèvera désormais, les avocats et les juges ne pourront se passer du livre de M. Levesque. C'est là qu'ils iront chercher leur éloquence et leur science, le fond de leurs plaidoiries et la substance de leurs arrêts.

Les curieux et les lettrés y trouveront encore une bonne fortune assez rare, des recherches savantes faites par un homme de goût et par un écrivain délicat. Tous ceux qui connaissent M. Levesque savent quels ont été les succès littéraires de sa jeunesse, quelle est la finesse de son esprit et l'élégance de sa plume. C'est un plaisir de voir passer, dans un ouvrage d'érudition sévère et de science touffue, à travers le chaos des lois féodales, du blason et de la chevalerie, ces traits de malice et d'éloquence qui l'éclairent et qui l'animent. On dirait ces coups de lumière imprévus qui tombent sur de vieilles armures dans le cabinet d'un antiquaire.

Le succès se fera peut-être un peu attendre, comme s'est fait attendre cette humble étude que les distractions impérieuses des affaires ont pendant si longtemps ajournée. Le sujet et le titre de l'ouvrage n'ont rien pour séduire le gros des lecteurs. Pour entreprendre ce voyage, il faut un intérêt, une occasion, ou l'avis des gens qui en sont revenus. J'en arrive, et j'invite les esprits studieux à s'y engager après moi. Je les attends au retour.

Je finis par une critique, pour me dédommager de toutes ces louanges. M. Levesque a été trop modeste

et un peu timide. Il est évident qu'il ne voulait d'a-
bord qu'expliquer la loi de 1858. C'est peu à peu et
comme malgré lui que le sujet s'est agrandi sous
sa main. De là, par endroits, des tâtonnements dont
il se dégage avec peine. Je voudrais que, rassuré désormais sur lui-même il élargît encore son horizon ;
qu'il fît sur la noblesse, sur ses grandeurs et sa décadence, ainsi que sur les renaissances qu'elle peut
rêver, cette étude complète que j'ai tenté d'indiquer,
et qu'il écrirait en maître.

« Ce travail, dit M. Levesque en commençant son
ouvrage, n'est pas un traité de la noblesse... Je ne
puis avoir, ajoute-t-il ailleurs, ni l'ambition, ni le
droit de me faire législateur ; c'est assez d'avoir
essayé d'être légiste... » Non, ce n'est pas assez. Quand
on a son talent, il faut avoir aussi toutes les ambitions
honnêtes de l'esprit. Noblesse oblige. L'auteur du
Droit nobiliaire sait mieux que personne ce que cela
veut dire.

Janvier 1870.

249. — Typographie A. Lahure, rue de Fleurus 9, à Paris.

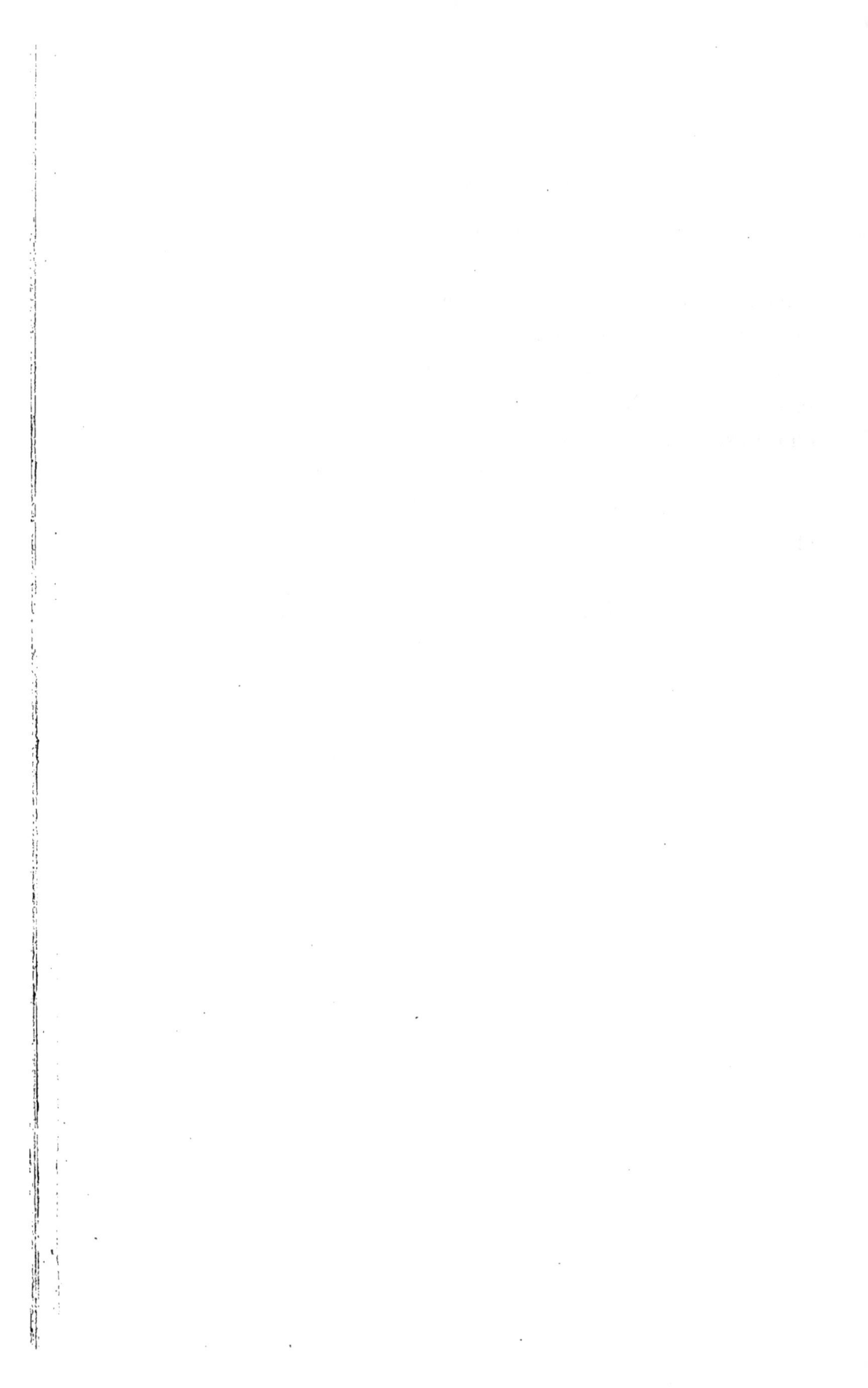

PRÉFACE

AUX DISCOURS ET PLAIDOYERS
DE M. CHAIX D'EST-ANGE

PARIS. — TYPOGRAPHIE A. LAHURE

RUE DE FLEURUS, 9

PRÉFACE

AUX DISCOURS ET PLAIDOYERS

DE M. CHAIX D'EST-ANGE

PUBLIÉS EN 1862

PAR

EDMOND ROUSSE

Avocat à la cour d'appel, ancien bâtonnier.

PARIS
IMPRIMERIE GÉNÉRALE A. LAHURE
9, RUE DE FLEURUS, 9.

1880

PRÉFACE

AUX DISCOURS ET PLAIDOYERS

DE M. CHAIX D'EST-ANGE

PUBLIÉS EN 1862

PAR

EDMOND ROUSSE

Avocat à la Cour d'appel, ancien bâtonnier.

Je publie des discours dans un temps où la parole
a subi quelques disgrâces, et des plaidoiries quand on
assure que le règne des avocats est enfin passé. Malgré le prestige d'un nom célèbre et accoutumé à tous
les bonheurs, ce livre, s'il réussit, n'aura donc
qu'une fortune modeste, assez différente des succès
éclatants qu'il doit rappeler.

Il y a plus de quinze ans, au début de ma carrière,
j'ai trouvé auprès de M. Chaix d'Est-Ange un patronage bienveillant qui a été le soutien et l'honneur de

1.

ma jeunesse. J'ai été le témoin respectueux et familier
de son existence brillante, dans ces années heureuses
où déjà rien ne manquait plus à sa renommée. Chaque jour je le voyais dans l'intimité de ses travaux,
et, à l'audience, assis à ses côtés, ravi par ces premiers enchantements de la parole dont rien ne saurait exprimer le charme, j'ai entendu de près plusieurs des grandes causes que je rapporte aujourd'hui.
Maintenant, en lisant ces pages décolorées, j'entrevois
encore l'image, le reflet assez fidèle du passé ; et, en
remontant vers ces vieux souvenirs, ma mémoire,
sans trop d'efforts, les fait revivre dans tout leur
éclat, mêlés aux rêves, aux espérances et aux épreuves
de mes jeunes années.

Mais qu'ils ouvrent ce livre avec défiance, ceux
qui, par curiosité seulement et pour y trouver un
plaisir devenu plus rare aujourd'hui, voudraient se
donner l'émotion et le spectacle de l'éloquence. La
parole a eu ses flatteurs ; mais, quoi qu'ils en aient
pu dire, elle ne survit pas à l'occasion et au temps.
C'est quand l'orateur est debout qu'il faut le saisir et
le retenir tout entier : avec le dernier son qui s'é-
chappe de ses lèvres, la fleur de l'éloquence est tombée pour jamais. Aucun effort ne saurait la ranimer ;
aucun art ne saurait en garder l'empreinte.

Je ne veux pas écrire en tête de ce recueil une bio-
graphie ; c'est un grand mot, qui pour plus d'une raison ne serait pas ici à sa place, et dont la solennité

attristerait un peu cette étude. Je voudrais seulement rappeler quelques souvenirs qui chaque jour s'éloignent, quelques impressions qui chaque jour s'effacent, et qu'il importe cependant de conserver, pour l'honneur d'une profession qui m'est chère. Parler d'un homme vivant, placé dans une position éminente, c'est-à-dire exposé à des louanges intéressées et à des critiques aveugles, c'est une entreprise qui peut sembler téméraire, mais dont, quant à moi, je ne comprends pas le péril ; et, de quelque côté que je l'envisage, ne me sentant pas plus enclin à la flatterie qu'à l'ingratitude, je ne vois rien qui gêne ma liberté.

M. Chaix d'Est-Ange est né à Reims dans la première année de ce siècle. C'est à Reims qu'il commença ses études, sans trop d'ardeur, sans succès éclatants, avec cette insouciance excusable des esprits faciles, qui sentent par instinct qu'ils ont beaucoup d'avance sur la vie, et qu'ils peuvent s'attarder un peu au départ. Mais le premier bonheur de son heureuse destinée fut de lui faire trouver près de lui, et pour ainsi dire sous sa main, le genre d'éducation le mieux fait pour préparer son avenir.

Son père remplissait à Reims, sous l'Empire, les fonctions de procureur général criminel.

Dans les grands jours, il emmenait à la Cour d'assises son fils, qui, tout enfant, s'était pris d'un goût très vif pour ces sérieux et pathétiques spectacles. L'appareil, le mouvement de l'audience, le jetaient dans des agitations inexprimables, et il a toujours gardé le souvenir vivant de la grande salle de l'archevêché où se tenaient les assises, et où, blotti sous le bureau du procureur général, tout entier au drame qui se déroulait sous ses yeux, il contemplait l'éloquence paternelle avec l'extase naïve des admirations domestiques.

M. Chaix d'Est-Ange m'a dit souvent que son père était éloquent. Je ne sais si, dans cet éloge, il faut faire la part de la piété filiale et de ces premières impressions de l'enfance qui agrandissent tout dans leur expansive sincérité. Mais j'aime à me représenter M. Chaix d'Est-Ange le père prononçant gravement de beaux réquisitoires dans un langage élevé, avec le style un peu théâtral de son temps, et donnant à son fils, par le plus touchant et le plus naturel des prestiges, sinon des modèles sans défaut, du moins le sentiment, l'ardeur, et comme les premiers frissons de l'éloquence.

Il y a dans le talent, plus souvent qu'on ne paraît le croire, un germe héréditaire, et dans l'histoire de tous les arts on rencontre beaucoup de ces pères prodigues qui, donnant à leur fils plus qu'ils n'avaient eux-mêmes, sont dans la famille les précurseurs gé-

néreux et modestes de celui qui doit l'illustrer un
jour.

Une organisation judiciaire nouvelle supprima les
fonctions que remplissait M. Chaix d'Est-Ange et le
fit rentrer dans la vie privée. Il vint à Paris et se fit
avocat.

Nos révolutions nous ont endurcis au spectacle de
ces vicissitudes. Depuis cette époque, bien des magistrats sont venus chercher au barreau, soit des revanches illustres contre les caprices de la fortune
politique, soit un exil supportable en attendant ses
nouvelles faveurs. Ce sont des épreuves périlleuses
pour ceux qui les doivent tenter, et le bonheur ne les
y suit pas toujours. Bien souvent ce n'est pas le talent
qui leur manque, mais un talent qui soit là précisément à sa place. Dans une carrière où l'esprit doit
chaque jour se plier et se rompre aux efforts les plus
divers, ils apportent ordinairement plus de solennité
que de souplesse, une certaine contrainte que des
esprits prévenus prendraient pour de la roideur, et
en même temps une assez longue inexpérience de ces
habitudes et de ces traditions nécessaires qui sont
comme les mœurs de leur profession nouvelle.

M. Chaix d'Est-Ange avait à lutter contre des obstacles plus sérieux encore. Il était pauvre ; il avait
passé depuis longtemps l'âge des occasions impré-

vues et des hasards favorables. Enfin, il était trop
fier pour chercher ces relations utiles et ces amitiés
profitables qu'il est donné à peu d'hommes de poursuivre activement sans qu'il en coûte à leur dignité
de très sensibles sacrifices. Livré à d'honorables travaux et à l'éducation de ses enfants, il supporta no-
blement la médiocrité, et il vécut assez pour que ses
derniers jours n'aient pas été peut-être sans consolation.

Tout ce qui lui échappait à lui-même, il le retrouvait, ou du moins il put l'espérer et le pressentir
pour son fils. C'était un jeune homme d'un esprit
décidé, très promptement ému, mais déjà très ferme
dans ses desseins. Il avait dans le caractère un tour
belliqueux, une sorte de vaillance native, et au milieu des embarras charmants de l'adolescence, cette
pointe d'intrépidité qui donne confiance à la fortune.
Sa sensibilité était plus ardente que tendre comme il
convient aux hommes nés pour agir et pour lutter.
Ses traits indécis, encore enfantins, et dont aucune
ligne saillante ne gênait la mobilité, semblaient attendre les impressions pour les saisir et les refléter
au passage ; sa voix était vibrante, souple et naturellement habile : il était prêt pour l'éloquence.

A dix-neuf ans, la mort de son père le laissa seul,
sans ressources, sans appui, avec une sœur dont il
était l'unique soutien. Mais, dans sa détresse, il eut
au moins ce bonheur de connaître la mauvaise fortune

à propos, à l'âge où elle vous instruit sans vous briser, où l'extrême jeunesse en adoucit l'amertume, et
où se mêlent aux misères présentes des ambitions
sans bornes et des espérances indomptables.

Pressé d'agir, il ne connut pas les années rêveuses
de la vie, ces ardeurs nonchalantes et cette poésie
dangereuse qui emportent tant de jeunes esprits vers
d'insaisissables chimères. Il avait un dessein, il avait
un but, et, dès les premiers pas, sûr de l'atteindre,
il y marchait avec un courage que les obstacles ne
devaient pas effrayer. Les occasions ne se firent point
attendre.

On était en 1819 : c'était le temps des complots et
des conspirations militaires. Aujourd'hui que ces événements sont si loin de nous et qu'on peut en parler
sans passion, il est permis de penser qu'après nos
désastres, la restauration de la maison de Bourbon
était encore le plus sensé, le plus national, et, pour
tout dire, le plus nécessaire des établissements politiques. Mais il s'était fondé au lendemain d'une
effroyable défaite ; il était né de la défaite elle-même,
sous la main du vainqueur ; et, comme si ce n'était
pas assez, par un aveuglement presque inévitable
dans des esprits dépaysés par un long exil, les roya-
listes rentraient en France avec des prétentions de
race et des illusions de naissance qui étaient pour les
générations nouvelles la plus insupportable des sur-

prises. C'était beaucoup pour un pays où la gloire
des armes et l'égalité sont, quoi qu'on en dise, les
seules passions publiques dont un gouvernement
doive en même temps tout espérer et tout craindre.
La liberté qu'apportait le régime nouveau, et qui était
sa condition nécessaire, semblait une compensation
insuffisante pour l'orgueil national humilié; et,
comme si, après la Convention et l'Empire, on avait
eu le droit de se montrer très difficile de ce côté,
l'on affectait de trouver trop étroites des franchises
politiques accordées par un gouvernement suspect,
et auxquelles la nation ne paraissait pas attacher alors
une bien grande importance.

Habitué depuis près de trente ans au régime de
la force, aux tyrannies abjectes ou aux violences
glorieuses, le pays ne comprenait pas encore les ressources que des institutions régulières et libres pouvaient offrir aux passions et aux prétentions des
partis. On ne les touchait que d'une main défiante,
et les mécontents, au lieu d'employer le droit nouveau à la défense de leur patriotisme ou au service
de leurs intérêts, se jetèrent dans les expédients
des époques de servitude, les conjurations et les
complots.

Les moyens d'action ne leur manquaient pas. C'é-
taient, d'abord, les sectes démagogiques que la Révolution avait nourries dans ses clubs, que l'Empire
avait, sans le savoir, enrôlées dans ses armées, et

qui, tout en courant l'Europe, par une de ces conta-
gions bizarres que développent les longues guerres,
avaient emprunté des armes plus éprouvées et une
organisation plus savante aux vieilles sociétés secrètes
de l'Allemagne et aux *ventes* de l'Italie.

C'étaient ensuite les soldats licenciés de l'Empire,
qui, dénués pour la plupart d'intelligence politique,
mais poussés à la fois par les plus nobles souvenirs
et par les préjugés les plus puérils, par les ressentiments les plus légitimes et par les intérêts les plus vulgaires, associaient dans leur fanatisme confus le nom
de Napoléon à celui de la liberté. Tels furent les élé-
ments principaux de ces conspirations militaires qui
pendant plus de six années firent couler en France
tant de sang, et dont le but semblait être un
idéal indéfini de république bonapartiste où les
forces vives de la discipline militaire se mêlaient
aux mystères redoutables de la franc-maçonnerie
politique.

En 1821, la Cour des Pairs fut appelée à juger
une de ces conjurations, qui avait failli éclater à Paris même. Parmi les accusés se trouvait un jeune
sous-officier. M. Chaix d'Est-Ange, qui s'était fait remarquer au Palais dans quelques petites affaires, fut
chargé de le défendre. Le client avait vingt et un ans;
l'avocat avait vingt ans. Ce fut là sa première occasion de paraître, au milieu des avocats les plus distingués de cette époque.

Tout est bonheur aux gens heureux. Son extrême jeunesse, ses traits plus jeunes encore que son âge éveillèrent d'abord l'attention. Son talent fit le reste. Beaucoup de modestie et de liberté; une audace candide tempérée par une respectueuse prudence, une émotion très naturelle servie par une voix prédestinée à laquelle l'expérience n'avait à enseigner aucun secret : il n'en fallait pas tant pour exciter sur les bancs de la pairie une espèce d'intérêt paternel qui fut comme une distraction bienvenue au milieu de ces graves soucis.

Le jeune homme sut plaire surtout au grand référendaire M. de Sémonville. — M. de Sémonville n'a jamais passé pour être sujet aux engouements inutiles; mais il avait cette bonté perspicace qui, chez les hommes habiles et rompus aux affaires, est encore une manière très heureuse d'avoir de l'esprit. Il fit appeler chez lui le jeune avocat. Il l'encouragea par ses éloges. Il chercha, par la séduction de sa bienveillance et par l'attrait de l'ambition, à le conquérir aux fonctions publiques.

M. Chaix d'Est-Ange résista. Mais il a toujours gardé le vif souvenir des avances que le grand référendaire, dans une position où l'on n'aime pas les refus, avait faites à sa jeunesse et à sa pauvreté; et longtemps après, quand M. de Sémonville est mort un peu oublié, un peu calomnié peut-être, le témoignage public rendu à sa mémoire par l'avocat devenu célèbre eut

une grâce touchante qui m'a beaucoup frappé lorsque
j'en ai retrouvé la trace[1].

1. En 1839, quelques jours après la mort de M. de Sémonville
M. Chaix d'Est-Ange adressa la lettre suivante au rédacteur en chef du
journal *le Droit :*

« Mon cher camarade, vous avez parlé de M. de Sémonville, et vous
avez bien fait ; puisqu'il avait commencé par être magistrat, il vous appartenait de consacrer quelques lignes à sa mémoire. J'aurais dû y songer d'abord, et vous faire part d'un souvenir que je voudrais voir
recueilli, et dont peut-être vous pourriez profiter encore.

« Lors du grand procès jugé en 1821 par la Cour des Pairs, M. de
Sémonville était grand référendaire, et les avocats qui ont eu l'honneur
de plaider dans cette affaire n'oublieront jamais la façon dont ils furent
accueillis par lui. Après le procès, chacun de nous alla le remercier. J'y
allai comme les autres : tout jeune et tout inconnu que j'étais, M. de
Sémonville fut pour moi d'une bonté paternelle. Il m'engagea avec une
vive insistance à entrer dans la magistrature, me promettant que
j'avancerais, qu'il en ferait son affaire. Je refusai, m'excusant sur ce que
je n'avais aucune fortune. M. de Sémonville le savait déjà sans doute,
et la suite de sa conversation me prouva qu'il s'était enquis de moi.
Voyant qu'il ne pouvait me vaincre : « Votre père, me dit-il, n'a-t-il pas
été procureur général à Reims ? — Oui, Monsieur, il y a dix ans. —
Précisément. Eh bien ! j'ai connu votre père ; je l'ai beaucoup connu. »
Et, quoiqu'il n'en fût rien, il entrait dans quelques détails pour me le
persuader. « Il faut me traiter, ajoutait-il, comme un ancien ami. Vous
commencez votre état ; vous pouvez éprouver quelques moments de
gêne ; agissez sans façon avec moi. Dites-vous : J'ai là Sémonville un
vieil ami de mon père, qui a toujours cent louis à ma disposition. Venez
les prendre et ne vous en tourmentez pas. Quand vous serez riche, vous
les rendrez à moi ou à mes enfants. »

« Je suis bien malheureux de ne pas pouvoir vous rendre l'expression
de ces paroles, vous dire combien il y avait de naturel et de bonté dans
ce mensonge inventé pour rassurer ma délicatesse. Et alors j'étais dans
une telle situation !... et il le savait sans doute, que cette offre pouvait
me sauver, et qu'elle s'adressait à un pauvre enfant de vingt ans, qui
n'était pas connu de lui, et n'avait plus dans le monde personne qui pût
l'assister.

« J'ai toujours cette conversation présente à la mémoire, et, comme
elle montre tout ce qu'il y avait en M. de Sémonville de délicat et de généreux, je voudrais que le souvenir n'en fût pas perdu, et que sa mémoire reçût ce témoignage de ma reconnaissance.

« Paris, 14 avril 1839.   CHAIX D'EST-ANGE. »
Avril 1866.

Dès cette époque, la place de M. Chaix d'Est-Ange était marquée dans les rangs de cette génération plus mûre, que le siècle entraînait dans le courant de ses idées, de ses passions et de ses affaires.

Peu à peu on s'habituait aux institutions nouvelles; et, sans y chercher peut-être encore un instrument de guerre pour renverser la monarchie qui les avait données, on les maniait avec plus de hardiesse et de confiance. Aux violences inutiles, aux conjurations étouffées dans le sang, avaient succédé les mouvements et les efforts les plus divers de l'intelligence. La pensée, pendant si longtemps distraite ou domptée, se retrouvait elle-même dans une renaissance invincible. Elle éclatait et perçait de toutes parts, dans les luttes de la tribune, dans la polémique des journaux, dans les études historiques rajeunies, dans la poésie renouvelée, dans les pamphlets, dans la chanson, dans toute cette littérature mêlée, vivace et féconde qui a été l'honneur dangereux de cette période de notre histoire, et dont le tableau brillant a été tracé tant de fois.

Rien ne vieillit plus vite que les noms éphémères dont les partis décorent et glorifient leurs passions. Le nom de *libéral* est un mot suranné, presque ridicule aujourd'hui. Pour les uns, c'est le mot d'ordre banal de l'arbitraire qui ne veut pas dire son vrai nom; pour d'autres, c'est le titre décrié de je ne sais quelle école contemplative et naïve, perdue dans les

rêves d'une philanthropie chimérique, inhabile à gouverner, impuissante aux entreprises viriles et aux
longs desseins de la politique. Mais alors, c'était le
nom juste et bien trouvé de ce mouvement généreux
qui dans la politique, dans les lettres, dans la science,
dans tous les arts, à travers mille imprudences et mille
dangers, emportait l'esprit français, comme en son
essor naturel, vers les entreprises et les découvertes
de la liberté.

C'était dans les classes moyennes surtout qu'éclatait ce besoin de penser, de parler et d'agir librement.
La bourgeoisie reprenait son rôle justement au point
où elle l'avait quitté en 1790. Dépossédée par le despotisme populaire du pouvoir qu'elle avait lentement
conquis; bientôt après, effacée par les splendeurs
militaires de l'Empire et humiliée par les dédains
d'une noblesse nouvelle, elle sentait renaître toutes
ses espérances sous un régime où le travail, la science
des affaires, le talent dans ses variétés infinies, en un
mot, tous les arts et toutes les vertus de la vie civile,
semblaient devoir trouver enfin leur emploi nécessaire. Elle avait d'ailleurs, pour soutenir son ambition légitime, le sentiment de son éducation depuis
longtemps achevée, de son intelligence mûrie par d'illustres épreuves, et la conscience des longs services
qu'à travers tant de siècles elle avait rendus à la monarchie en même temps qu'à la liberté.

Par quel étrange malheur fut-il permis de croire

que cet élan national trouvait, du côté de la royauté restaurée, des obstacles invincibles? Quelles antipathies profondes divisèrent chaque jour davantage le pouvoir et la nation? D'où vinrent les fautes les moins excusables? Ce n'est pas dans cette humble étude qu'il convient d'aborder ces questions dangereuses. Quoi qu'il en soit, quand la lutte s'engagea, la place du barreau y était marquée d'avance.

Nés des entrailles mêmes de la bourgeoisie, liés par leurs origines et par leur histoire à toutes les idées politiques du tiers état, les avocats allaient se ranger parmi les adversaires naturels du pouvoir. La Restauration, il est vrai, avait délié leur langue captive après le long silence de l'Empire; mais cette liberté de la défense paraissait déjà lui peser comme bien d'autres; et, en politique, il ne faut rien donner de ce qu'on entend reprendre un jour. D'ailleurs, le pouvoir nouveau inclinait visiblement à relever les privilèges de la noblesse. Il laissait prendre au clergé catholique, dans les affaires et sur les consciences, cette influence envahissante dont tous les ancêtres glorieux du barreau, depuis les Pithou et les Pasquier, avaient sans cesse combattu les empiétements. Sous d'autres formes et dans d'autres temps, c'était encore le vieux levain parlementaire et gallican qui fermentait dans ces esprits entêtés des antiques maximes du droit français, que la révolution semblait avoir consacrées pour toujours.

Bientôt les imprudences de la liberté ou les ombrages du gouvernement, en suscitant des procès politiques, donnèrent aux avocats des accusés à défendre : la Charte les appelait à les défendre devant le pays lui-même ; et dès lors, pour les pousser dans la lutte, les devoirs les plus sacrés de leur état s'unirent aux tentations les plus suspectes de l'ambition et de la popularité.

M. Chaix d'Est-Ange fut emporté dans ce mouvement, bien moins par un penchant naturel ou par des résolutions arrêtées, que par la force même des choses et par les occasions inévitables qui venaient le solliciter chaque jour. Il était trop jeune, et sa pauvreté lui laissait trop peu de loisirs pour qu'il pût faire de longues méditations sur les événements dont il était le témoin ; mais, en politique, les engagements se forment plus vite que les convictions, et très souvent on est d'un parti avant d'être d'une opinion. L'éducation, la famille, les souvenirs, les amitiés, la profession, y sont pour beaucoup, et le hasard presque toujours en décide.

M. Chaix d'Est-Ange était né bourgeois. Son père avait rempli des fonctions importantes sous l'Empire. Au barreau, il avait trouvé lui-même un parti très actif qui, pour l'attirer dans ses rangs, avait fait à son talent des avances intéressées. Quand les accusés politiques vinrent réclamer son patronage juvénile, ses devoirs et le souci légitime de son avenir s'accordèrent sans effort avec ses traditions de famille et avec les encouragements de la société qui l'entourait.

L'affaire de la conspiration de 1820 l'avait fait connaître. Il eut, bientôt après, un rôle secondaire dans le procès sanglant des sergents de la Rochelle. Mais il n'est resté de sa plaidoirie que quelques phrases très vives, et une petite scène d'audience où, je l'avoue, le sage président des assises me semble avoir gardé sur le jeune défenseur tous les avantages que peuvent donner l'expérience et le bon goût sur les ardeurs d'un zèle impétueux.

Quelques années plus tard, son talent plus mûr rencontra un succès décisif. C'était en 1828. Depuis longtemps déjà, M. Cauchois-Lemaire harcelait le gouvernement de ses inépuisables publications. M. Cauchois-Lemaire n'était, à mon sens, ni un grand politique, ni même un bon écrivain. Il était très loin d'avoir la pensée forte, nerveuse et profondément pénétrante de Paul-Louis Courier. Il n'avait pas, comme lui, ce style personnel, imprévu, plein de surprises savantes, cette forme originale, concise et hardie où la verve gauloise en sa bonhomie trompeuse, où le vieil idiome de la Touraine avec son accent rustique et robuste, se mêlaient, dans un esprit merveilleusement cultivé, à tous les raffinements des littératures classiques. Cauchois-Lemaire était un publiciste banal, écrivant au jour le jour des idées courantes

dans la langue de tout le monde, encadrant avec une
certaine adresse des allusions transparentes dans un
style pédestre, sans invention et sans couleur. Ses
brochures dangereuses étaient répandues partout, lues
partout, comprises partout; les moins clairvoyants pouvaient en deviner à demi-mot les réticences et les
finesses; les moins délicats se plaisaient à y retrouver
des traits et des malices qu'ils croyaient avoir eux-
mêmes inventés. Littérature expéditive et hâtive qui
a sa place et son importance dans l'histoire des partis,
mais qui n'a rien de commun avec l'art, et qui ne
saurait avoir la prétention de survivre aux intérêts
passagers qu'elle a servis.

M. Chaix d'Est-Ange plaida pour Cauchois-Lemaire
dans une de ses aventures judiciaires. Étrange retour
des choses de ce monde, et bien fait pour dégoûter
de la gloire facile que donnent les partis! Le nom de
Cauchois-Lemaire prêtait alors le reflet de sa popularité au nom modeste de son jeune défenseur; et aujourd'hui la mémoire du client n'échappe guère à
l'oubli que par le plaidoyer de son avocat. Dans ce
discours, les principes, les nécessités du gouvernement constitutionnel, sont exposés avec une précision
remarquable et une singulière confiance. La balance
égale des pouvoirs, la part qu'il convient de faire à
l'opinion publique dans leurs résolutions, le rôle de
cette opposition patriotique qui éclaire le gouvernement de ses conseils désintéressés — sans l'ébranler

2.

jamais par ses excès, — tout cet équilibre symétrique et savant sur lequel s'essayaient alors les destinées de la France y est décrit avec une bonne foi éloquente qui ne prévoit pas les mécomptes, et à laquelle il ne manquait sans doute qu'une expérience plus sûre et plus mûre des passions humaines. Mais aujourd'hui, lorsqu'en relisant ces théories ingénieuses, on songe aux effroyables secousses qui, vingt ans après, devaient faire voler en éclats ce mécanisme réglé pour durer toujours, on ne peut s'empêcher de sourire avec amertume, en admirant la courte sagesse des hommes.

A cette époque, M. Chaix d'Est-Ange commençait à compter dans l'élite des intelligences de son temps. Quand le succès arrive tard, il perd à peu près tout son prix. Il s'y mêle trop de regrets, de trop amers souvenirs, et la satisfaction sévère qu'il apporte avec lui n'efface pas le ressentiment des longs efforts qu'il a coûtés. Mais ce doit être un charme sans égal quand il vient à son heure, dans les pleines années de la jeunesse, pour en redoubler les ardeurs et mettre le comble à ses enchantements. M. Chaix d'Est-Ange réussit à temps. A vingt-huit ans, il se voyait recherché du monde, et pour son talent, et pour la bonne grâce avec laquelle il portait sa précoce renommée. Il fut mêlé de loin, silencieusement, comme il convenait à sa jeunesse, à cette brillante société libérale qui, pendant les dernières années de la Restauration, attendait ou préparait des événements plus inévitables chaque jour. Il fut accueilli dans ces salons spirituels, sérieux et causeurs, où, sur le pied d'une égalité intelligente, se rencontraient des écrivains illustres, des artistes célèbres, des généraux éloquents, des millionnaires courageux, des banquiers hardis politiques, — et où le poète des *Gueux* imposait sans effort aux princes de la finance sa simplicité orgueilleuse et le sentiment tyrannique de sa popularité.

Quand la révolution de juillet éclata, M. Chaix d'Est-Ange avait à peine trente ans. Il fut nommé député par la ville de Reims, et pendant seize ans il conserva son mandat. Le gouvernement représentatif, dans son essor puissant et périlleux, conviait à la vie publique toutes les intelligences, tous les talents ; et si le jeune député avait eu le goût des honneurs ou du pouvoir, la route était facile à suivre ; les sollicitations comme les exemples ne lui manquaient pas [1]. Mais une inquiétude secrète, une répugnance de tempérament et d'instinct, le tinrent éloigné de ces tentations brillantes ; et, à mesure que son esprit plus

---

1. En 1831, le garde des sceaux avait proposé M. Chaix d'Est-Ange pour la croix de la Légion d'honneur. Il refusa cette distinction, et il écrivit au Ministre une lettre dans laquelle se trouve la phrase suivante : « Il y a tel magistrat, M. B...., par exemple, qui compte vingt années de la magistrature la plus honorable, et qui n'est pas décoré... Je n'oserai jamais passer avec ma croix devant lui... » Le Ministre fit un acte de bon goût. Il donna à M. B.... la décoration qu'il destinait à M. Chaix d'Est-Ange ; et celui-ci reçut la croix peu de temps après.

mûr voyait de plus près les institutions qu'il avait rê-
vées, les espérances sincères de sa jeunesse firent
place à ce qui était le fond même de son caractère et
de ses idées.

Pendant seize ans il fut le témoin attentif, courageux, mais plutôt résigné qu'enthousiaste, du gouvernement constitutionnel parmi nous ; même aux jours
les moins troublés, il était bien plus touché de ses périls que de ses grandeurs ; et, s'il prenait un plaisir
d'artiste aux luttes éloquentes de la tribune, il n'eut
jamais dans les institutions elles-mêmes cette foi profonde qui conseille les dévouements passionnés ou
qui soutient les ambitions persévérantes.

Dans tout établissement politique, au-dessous de
la scène où s'accomplit le drame changeant de l'histoire, il y a un fond plus ou moins bien caché où se
pressent tous les vices, toutes les bassesses, toutes les
passions odieuses ou risibles qui sont comme les ressorts nécessaires de ces grands théâtres. L'épreuve
souvent mortelle des gouvernements libres, c'est de
laisser voir trop à nu ces infirmités et ces misères,
d'être obligés de parler, d'agir, de vivre au grand
jour, et de ne pouvoir s'envelopper dans ce prestige
favorable que donnent le lointain et le silence.

M. Chaix d'Est-Ange avait l'esprit trop délicat pour
ne pas être choqué très vivement des brutalités et des
ridicules qu'entraîne avec elle la vie orageuse et familière des assemblées. Sa nature fine, élégante, un

peu railleuse et hautaine, se soulevait à la vue des
injustices et des inepties de l'esprit de parti. Ces importances subalternes, ces vanités exigeantes, ces co-
teries jalouses, ces conjurations de médiocrités turbu-
lentes et niaises qui souvent opprimaient de leurs
clameurs les plus fermes caractères et les talents les
plus intrépides, c'était là pour lui un spectacle insupportable, et dont rien ne lui semblait pouvoir rache-
ter le dégoût. A ses yeux, l'honneur même de la
liberté ne valait pas ses dangers ; et, si la liberté était
dans son cœur, dans son caractère, dans les nécessités de sa profession, dans l'essence même de son
talent, il ne se sentait pas le courage de souffrir patiemment les sacrifices qu'elle pouvait coûter [1].

---

1. La lettre suivante, que M. Chaix d'Est-Ange écrivait en 1839, pourra
montrer quel était le fond de ses sentiments politiques :

« .... Dans le billet anonyme qui accompagnait votre envoi, on dit en
parlant de moi : *Votre ami, qui n'est pas, je crois, le nôtre.* Que veut
dire ceci, je vous en prie, et pourquoi donc ne suis-je pas l'ami de vos
amis ? Est-ce parce que j'ai parlé contre la disjonction, ce malheureux
expédient qui énervait la justice militaire et rendait la justice civile impossible : loi imprudente, imaginée dans un premier mouvement, dans
un juste mouvement de colère, mais dont les gens du métier devaient,
avec un peu de réflexion, apercevoir tous les dangers ? Je l'ai combattue ;
mais, ceux qui ont lu mon discours se le rappellent peut-être, je l'ai combattue parce qu'elle était mauvaise pour le gouvernement, parce qu'elle
paralysait entre ses mains l'action de la justice politique. Si quelqu'un
devait s'irriter de ce que j'ai dit, ce ne sont pas vos amis, ce sont leurs
ennemis.

« Et, à ce propos, n'est-il pas vrai qu'il est d'une mauvaise politique
de se détacher ainsi des gens pour peu qu'ils ne pensent pas en tous
points comme nous ? Il a voté un jour autrement que moi : il est mon
ennemi ! Il m'a une fois crié gare : il est mon ennemi ! On finirait par
se trouver seul, à force d'être si exigeant et si exclusif.

Je n'ai pas à juger ici des sentiments qui ne sont pas les miens. J'ose dire toutefois que, quand un esprit de cette trempe touche à la politique, il faut qu'il s'y abandonne tout entier. Si M. Chaix d'Est-Ange, à cette époque, l'avait pu faire, la grandeur du but, l'importance et la variété des intérêts, la passion du succès, et, par-dessus tout, les revanches glorieuses que la liberté prend sur elle-même, auraient sans doute fait taire ses répugnances et l'auraient élevé au-dessus des détails misérables qui blessaient sa délicatesse. Mais, pendant cette période de sa vie, il était entraîné par les exigences jalouses de son état, et il n'aborda la tribune que pour y montrer, dans quelques occasions éclatantes, tous les services que son

« Au reste, au milieu de l'incertitude où on nous laisse, au milieu de l'anarchie qui nous dévore, je voudrais vous dire quel profond chagrin, quel découragement profond j'éprouve. Parce que les tribunaux siègent encore, parce que les sentinelles sont à leurs postes, parce que les boutiques se ferment et se rouvrent à l'heure accoutumée, on croit qu'il y a là un état paisible et une société puissante. Eh bien ! on se trompe. Ne voyez-vous pas comme depuis quelques mois la confiance s'en va, le respect de toutes choses s'affaiblit, les liens se relâchent, l'anarchie morale augmente ? Soyez sûr qu'il est temps, car il en est temps encore, d'y mettre ordre. Qu'on se hâte surtout, au nom du Ciel, dans l'intérêt de vos amis, qui est notre intérêt à tous ! Qu'on ne prolonge pas ces agonies ministérielles, malheureuses épreuves durant lesquelles le pays s'alarme et le pouvoir périt.

Est-il possible qu'au lieu de vous parler seulement de vos affaires, je vous aie fait une telle lettre, — moi que la politique ennuie, à vous qui n'êtes pas condamnée à vous en mêler ? Pardonnez-moi, Madame ; après vous avoir dit combien je ne suis pas l'ennemi de vos amis, je voudrais bien vous prouver combien je suis

Tout à vous,

11 avril 1837.   CHAIX D'EST-ANGE. »

éloquence pourrait rendre au parti qu'il voudrait choisir.

Dans le trouble où tant d'événements imprévus ont jeté les esprits sincères, je ne saurais dire si une révolution est jamais légitime. Mais, dans tous les cas, les seules qui puissent se vanter de l'être, ce sont celles qui portent avec elles une génération d'hommes prête à les défendre, à les servir où à les illustrer. Tel a été le caractère et l'honneur incontestable de la révolution de 1830.

De toutes les classes, de tous les rangs, de toutes les professions, elle a fait surgir comme à l'envi une multitude de talents variés et puissants. Dans cette levée de toutes les intelligences prêtes pour agir, le barreau devait fournir une part glorieuse. Dès les premiers jours, un grand nombre d'avocats quittèrent le Palais pour se jeter dans les luttes parlementaires, pour occuper des emplois publics, ou pour revêtir des dignités auxquelles leur nom devait ajouter un utile éclat.

Les premiers rangs avaient été éclaircis par ces désertions illustres. M. Dupin, l'avocat, le conseiller et l'ami du nouveau roi, apportait à la magistrature l'autorité de sa science profonde, en même temps qu'il consacrait à la politique l'originalité puissante de son talent, et les saillies de ce bon sens passionné, trivial, capricieux, plein de retours imprévus, dont

tous les partis allaient pendant plus de vingt ans éprouver les brusques atteintes.

M. Berryer vouait à la mémoire et aux douteuses
espérances de la légitimité vaincue l'éclat de son éloquence incomparable, les richesses de sa large intelligence, ouverte de toutes parts aux passions généreuses, et le prestige d'une nature magnifique qui donnait aux idées dont il prenait la défense la seule
popularité à laquelle il leur fût permis alors de prétendre.

Hennequin, l'élégant Hennequin lui-même, allait
risquer dans la mêlée politique, à travers les rudesses
d'une révolution à peine calmée, son talent plein de
recherche et les charmants efforts de sa rhétorique
convaincue ; — tandis que d'autres, pour soutenir et
fonder le gouvernement nouveau, pacifiaient leur improvisation turbulente, et sacrifiaient à l'intérêt du
pays, ou à leur ambition, d'anciens et compromet-
tants souvenirs.

Il semblait qu'en voyant s'éloigner à la fois tant
d'esprits distingués, le barreau eût perdu désormais
tout son éclat. Mais quelques hommes y étaient restés, qui allaient bientôt réparer cette brèche et à
côté d'eux, d'autres grandissaient dans cette obscurité
laborieuse et inquiète qui, au Palais plus que partout
ailleurs, pèse souvent sur des talents depuis longtemps accomplis.

Je ne crains de blesser personne en disant qu'après

1830, pendant plusieurs années, Philippe Dupin, Paillet et M. Chaix d'Est-Ange occupèrent, dans la vie active du barreau, la première place parmi leurs égaux.

C'étaient les esprits et les caractères les plus différents.

Chez Philippe Dupin, la pensée, la voix, l'accent, l'action, les traits du visage, s'accordaient dans une harmonie rude et robuste où la vigueur l'emportait de bien loin sur tout le reste. Une rapidité de conception inouïe, une sûreté de raison, une clarté de pensée qui perçait droit au but; le génie inné des affaires, la mémoire très sûre et très ornée sans beaucoup de choix; une langue pittoresque, heurtée, inattendue, la langue fraternelle débordant de sève natale, irrésistible quand elle restait dans sa force, contrainte et comme surannée quand elle visait aux élégances : — telle est, à travers les années, l'image que ce grand maître a laissée dans mes souvenirs.

Dans Paillet, rien, au premier coup d'œil, ne révélait l'homme éminent dont la vie a été l'honneur du barreau, et la mort un deuil public. Sur ses grands traits coupés à vive arête, sur son visage long et souriant, on ne voyait d'abord qu'un air de bienveillance distraite et d'indifférence mélancolique. L'animation de ses joues osseuses et imberbes, l'éclat de ses yeux humides, pouvaient seuls trahir l'effort de l'esprit et l'agitation secrète de la pensée. Quand il plaidait, c'était au début, une parole lente, paresseuse, tombant à regret, contenue et comme retenue par un accent saccadé. Mais bientôt la clarté, l'ordre, la pureté concise du discours, je ne sais quelle grâce discrète, je ne sais quelle flamme lointaine, vous gagnaient, vous échauffaient et vous entraînaient. Sous cette parole sérieuse et charmante on sentait un cœur d'or, des passions ardentes, et une nature féconde qui ne livrait que la moitié de ses richesses. La raillerie, quand elle tombait de ses lèvres, ne paraissait d'abord offenser personne; mais elle avait un tranchant si poli et une trempe si fine, que l'adversaire était mort avant d'avoir senti la blessure. Même aux endroits les plus délicats, aucune affectation, aucune recherche, aucun excès, même sous le coup de l'émotion la plus vive. Je ne crois pas que l'éloquence ait jamais obtenu plus naturellement et avec moins de bruit de plus irréprochables victoires.

C'est à côté de ces émules redoutables, et de beaucoup d'autres dignes d'eux, que M. Chaix d'Est-Ange se trouva forcé de paraître, de combattre et de justifier l'éclat dangereux de ses premiers succès par des épreuves décisives où la bonne grâce de la jeunesse ne devait plus avoir la première place. Il apporta dans ces luttes la résolution naturelle de son caractère, la fermeté flexible de son esprit, et toutes les ressources que l'étude et le désir ardent de réussir pouvaient ajouter à une vocation merveilleuse.

Au bon sens incorrect, à la logique impétueuse de Dupin, il opposait une parole pleine de mouvement et d'inspiration, disciplinée par un travail opiniâtre. Il préparait de loin le terrain sous les pas de son puissant adversaire. Il l'attirait dans les endroits dangereux, il le dépaysait par des digressions habiles ; il le tourmentait et parfois le mettait hors de lui par ses railleries caressantes. Il regagnait pour ainsi dire en détail, par la finesse, par l'élégance, par une attention constante, par le charme d'un art qui ne dédaignait aucun de ses avantages, tout ce que l'autre avait pris d'un seul coup et d'un seul bond.

Devant Paillet, il se livrait, ce me semble, avec plus d'abandon ; et quand, par une tactique savante dont il connaissait le secret, il était parvenu à parler le dernier, son éloquence plus ample, son langage plus décidé, sa voix d'un courant plus rapide, la verve et l'entrain de sa parole nerveuse, l'emportaient souvent sur la méthode précise, sur la logique contenue, sur la phrase nette et sobre de son contradicteur. Ce que Paillet soumettait aux magistrats avec le calme de son esprit impartial, M. Chaix d'Est-Ange essayait de le leur arracher par l'ardeur d'une conviction intrépide. Toutefois, bien qu'il maniât la raillerie avec une habileté proverbiale, il me semble qu'avec Paillet il se tenait de ce côté souvent en garde et comme à distance. En effet, les saillies brillantes de l'un enlevaient l'auditoire et blessaient au vif le

plaideur; mais les malices tranquilles de l'autre faisaient sourire le juge, et laissaient dans son esprit
un utile souvenir.

Quel que fût l'adversaire, M. Chaix d'Est-Ange
avait d'ailleurs des avantages qu'il était difficile de
lui disputer. La nature et le travail lui avaient donné
une qualité puissante, la plus enviable peut-être de
toutes celles qui font l'éloquence, et où je ne crois
pas qu'aucun de ses rivaux l'ait jamais égalé : c'était
l'art d'intéresser et de passionner son sujet. Sous sa
parole, tout prenait un air original et saisissant. Les
personnages vivaient, parlaient, agissaient vraiment
devant vous. La cause se peuplait de scènes imprévues, émouvantes ou gracieuses, amusantes ou terribles. Les passions les plus intimes, pénétrées avec
une irrésistible clairvoyance, étaient développées avec
une émotion contagieuse, avec une hardiesse qui faisait quelquefois trembler, mais qui s'arrêtait toujours
juste à temps. Récits, apostrophes, interruptions, réticences, inspirations soudaines, l'habileté muette du
geste, le charme savant de la voix, il prenait, il retenait l'attention par tous les moyens à la fois. Jamais
orateur n'a poussé plus loin l'art et le génie de se
faire écouter.

L'improvisation était sa vocation et son triomphe.
Je ne parle pas de cette facilité banale et souriante
dont La Bruyère a dit : « Il y a des gens qui parlent
un instant avant que d'avoir pensé; » je parle de

l'improvisation qu'enfante une méditation inquiète, et qui permet à la parole longtemps contenue de courir enfin librement dans l'espace marqué par d'infranchissables limites. Pour tenter avec honneur cette épreuve périlleuse qui est la plus redoutable curiosité de l'éloquence, il faut avoir longtemps pensé, beaucoup écrit, sentir son esprit échauffé, tourmenté et comme emporté de haute lutte par le souffle intérieur. Alors seulement, comme l'a dit le maître souverain des orateurs, on peut jeter les notes et les écrits : « Quand la barque est lancée, le rameur peut lever l'aviron; elle continue sa route sous l'élan qui l'entraîne [1]. »

M. Chaix d'Est-Ange tenait de la nature les deux qualités essentielles de l'improvisateur : un esprit résolu, et beaucoup de goût. C'est un étrange supplice que celui d'un homme incertain et lettré qui s'entend mal parler sans pouvoir s'en défendre, qui, engagé dans une phrase incorrecte ou pesante, se sent traîner jusqu'au bout, à travers les plus humiliantes rencontres. S'il s'écoute, sa tête s'égare ; s'il se reprend, malheur à lui! s'il hésite entre deux mots, il est perdu, et avant qu'il ait décidé quel est le plus élégant ou le plus juste, la nécessité de parler en fait passer un troisième, qui n'est ni le mot juste, ni le

---

1. Ut, concitato navigio, cum remiges inhibuerunt, retinet tamen ipsa navis motum et cursum suum, intermisso impetu pulsuque remorum : sic in oratione.... (Ciceron, *de Oratore.*)

mot élégant, — ni même souvent un mot qui soit français.

M. Chaix d'Est-Ange n'eut jamais à redouter ces incertitudes mortelles. Il avait bien trop de goût pour ne pas voir qu'en parlant, l'excès du goût est un écueil, et que la perfection absolue du langage n'est pas la qualité principale de l'éloquence. Une fois pénétré de son sujet, il se jetait résolument dans la lutte, très ému, mais très vaillant, ajoutant au plan tracé d'avance les incidents imprévus, les hasards favorables, tout ce qui lui venait de l'adversaire, du public, du juge, et tournant sa voile à tous les vents propices avec une promptitude incomparable. Son esprit naturel, l'instinct plus encore que la pratique assidue des lettres, enfin ce Génie familier qu'entendent seuls les vrais orateurs, lui donnaient à point nommé le mot juste, le nombre, l'harmonie; et si, dans le mouvement pressé du discours, dans cet inconcevable travail de la parole soudaine, il se glissait une de ces banalités qui prennent la pensée au dépourvu, ou une de ces trivialités qui la déconcertent, il les ramassait avec audace et les relevait par la nouveauté du tour, par le geste, par l'accent, par un de ces mille artifices bienvenus dont nul, mieux que lui, n'a connu la puissance.

Si j'ai su donner quelque idée de cette nature à la fois ardente et habile, on comprendra sans peine que

dans les affaires criminelles, M. Chaix d'Est-Ange
n'ait rencontré presque aucun égal. On raille volontiers, dans le monde, l'éloquence tragique de la
Cour d'assises, la littérature sentimentale des circon-
stances atténuantes, et l'on rencontre à chaque pas
de ces fanfarons de sévérité qui se composent à
l'avance, contre les entraînements de la parole, un
front inexorable et un sourire sans pitié. Laissons de
côté ces étourderies présomptueuses qui, grâce à
Dieu, quand vient l'épreuve, se donnent presque toujours à elles-mêmes les plus honorables démentis.
Mais, pour les esprits élevés, pour les cœurs généreux qui ne sont étrangers ni aux passions ni aux
épreuves de la vie, un grand procès criminel sera
toujours la plus humaine et la plus pathétique des
leçons. Quel étonnement! quel effroi! quelle pitié!
lorsque soudain, au milieu du mouvement policé
qui nous environne, à deux pas de ces splendeurs
qui nous éclairent et de cette civilisation raffinée
qui nous éblouit, on se trouve face à face avec ces
passions inconnues, ces misères sans nom, ces appétits indomptés, avec ce monde rebelle et furieux qui
s'agite si près de nous; quand on voit enfin les instincts de l'homme, ramenés par quelque hasard funeste à leur brutalité native, briser en un moment
toutes les barrières que la naissance, la religion, le
devoir, l'honneur, les lois, avaient élevées vainement
devant eux! Là, tout en gardant une sévérité néces-

saire, la conscience est contrainte souvent à d'étran-
ges retours. Et quant aux orgueilleux qui arrivent le
front haut et le cœur sec à ces redoutables spectacles, souvent ils apprennent là, pour la première
fois, la compassion et l'humilité. Pourquoi ne pas le
dire? Il y a des fautes que beaucoup d'hommes sont
sûrs de ne jamais commettre. Il y en a d'autres pour
lesquelles il ne leur a manqué peut-être qu'une passion plus vive, un obstacle plus incommode, une tentation plus violente, en un mot l'occasion.

Si la défense des accusés devenait pour un avocat
l'emploi banal et l'occupation insouciante de chaque
jour, je conviens sans peine que cette pitié inta-
rissable et cette ardeur toujours prête pourraient
prendre aux yeux du public des dehors suspects; les plus brillants succès ne sauraient absoudre
ces jeux d'esprit où le talent n'est pas seul en péril.
Mais quand après y avoir bien songé, un orateur
habile accepte le patronage d'un accusé; soit qu'il
atteste seul l'innocence d'un malheureux accablé par
de fausses preuves; soit qu'il répète le cri de la passion qui se confesse elle-même; soit qu'il raconte un
de ces hasards effroyables qui donnent à quelque accident imprévu l'apparence d'un crime; il n'y a pas
d'entreprise plus digne d'attention et de respect; il
n'y en a pas où le caractère, la conscience, le cœur
de celui qui parle, soient plus en jeu; où l'homme
enfin paraisse et se livre par plus de côtés à la fois.

M. Chaix d'Est-Ange sentait plus vivement que personne le poids de ces tristes épreuves. Il s'y engageait en frémissant; il les voyait approcher avec une anxiété contre laquelle les plus éclatants succès n'ont jamais pu l'aguerrir; c'était pour lui comme des crises périlleuses où il lui semblait à chaque fois qu'il allait risquer toute sa vie. Rien ne peut exprimer le trouble qui précédait pour lui ces grandes journées, et l'agitation de ces veilles laborieuses où parfois cette nature nerveuse, montée par le travail, irritée par la fatigue, excitée par l'attente, semblait tout à coup se détendre et se brisait en sanglots.

Mais, une fois la lutte commencée, cette organisation robuste retrouvait sa puissance et son infatigable ressort. L'avocat s'emparait de sa cause et s'y abandonnait tout entier. Toutes ses facultés y étaient tendues, attachées et comme fixées. Il la couvrait par tous les endroits en même temps; il la surveillait avec une attention jalouse; amis ou ennemis, il n'y laissait entrer personne. Il la possédait seul, il la protégeait seul, il la menait seul, avec ardeur, avec prudence, et avec une vigilance passionnée qu'aucun hasard ne pouvait surprendre.

Nul n'a réclamé plus hardiment que lui tous les droits du barreau dans les affaires criminelles, et ne les a fait respecter avec plus d'énergie. Entre le magistrat qui accuse et l'avocat qui défend, il ne voyait aucune préséance, aucune supériorité nécessaire; et

3.

ce n'est pas à lui qu'il aurait fallu demander cette condescendance timide qui fait souvent balbutier à des lèvres novices des politesses obséquieuses, ou qui semble excuser comme une témérité l'accomplissement du plus sacré des devoirs. « Monsieur le Procureur général, au talent près nous sommes égaux, » répliquait-il un jour à une interruption inopportune; — et cette fière réponse, où l'on verrait à tort une épigramme, était la revendication légitime d'un droit nécessaire à l'honneur de la justice autant qu'à la liberté de la défense.

Plusieurs de ses plaidoyers sont demeurés dans les traditions de nos Cours d'assises comme des légendes touchantes ou terribles. A quoi bon les analyser froidement? on lira ce que j'en ai pu sauver. Dans ces pages effacées à demi, on pourra ressaisir le mouvement, le dessin, ces grandes lignes où, à travers les hasards d'une improvisation brûlante, les faits venaient se ranger dans un ordre merveilleux; on suivra ces rapides récits qui, sans digressions, sans détours, sans déclamations stériles, par le seul effet de leur marche agitée, portaient peu à peu la terreur, la pitié, le trouble dans tous les cœurs. Mais la couleur, le trait, l'accent! Le geste indigné ou suppliant tour à tour!... La voix émue et vibrante, pleine de larmes ou de colère!... La vie enfin, ce souffle enivrant de la parole, qui fait de l'éloquence le plus puissant et le plus fragile de tous les arts|!... Il n'y

faut plus songer; tout cela s'est évanoui pour toujours.

A force de travail, de succès et de bonheur,
M. Chaix d'Est-Ange arriva très jeune encore à cet
honneur suprême qui, dans nos vieux usages, achève
et consacre les renommées judiciaires. Il avait qua-
rante-deux ans à peine lorsqu'il fut élu bâtonnier.

Il allait gouverner un peuple étrange : des hommes
que le monde connaît mal, qu'il craint beaucoup,
qu'il raille souvent, qu'il honore à regret, et dont il
sollicite chaque jour les services sans se piquer d'en
garder longtemps la mémoire.

Les avocats, il est vrai, ne ressemblent à rien de ce
qui les entoure, et je comprends qu'ils soient pour
bien des esprits l'objet d'une curiosité défiante. Pla-
cés au milieu même des idées, des passions et des affaires de leur temps, au plein courant du siècle, et
pénétrés de tous les souffles qui l'agitent, ils ont gardé
dans leurs traditions, dans les règles sévères qu'ils
observent, aussi bien que dans les plis de leurs antiques robes noires, l'empreinte vivante du passé. Je ne
crois pas que nulle part en France on trouve un type
mieux conservé de la vieille bourgeoisie dont ils sont
les enfants, et dont ils ont retenu comme un air de
famille, les qualités généreuses et les incommodes
défauts.

En morale, les lois séculaires de leur profession entretiennent chez la plupart d'entre eux des vertus hors

d'usage, une dignité un peu surfaite, un désintéressement superbe et naïf qu'aucune déception ne peut
rebuter ; enfin une indépendance rétive qui ne relève
en rien de la fortune, que ne tentent pas les honneurs
et qui semble à beaucoup de gens la plus prétentieuse
des niaiseries.

En politique, depuis 1789, ils n'ont pas avancé
d'un jour, ils n'ont pas reculé d'une idée ; à travers
tous les mécomptes et au lendemain de tous les revers,
ils croient à la force inaltérable du droit, de la loi,
de l'intelligence qui discute et qui gouverne, enfin
aux renaissances les plus inespérées de cette liberté
cent fois vaincue, dont les excès même et les malheurs n'ont jamais découragé leur foi crédule. Leur
humeur frondeuse n'accorde pas à la puissance souveraine des faits la prompte obéissance qu'elle ob-
tient ailleurs. Ils argumentent, ils protestent lorsque
depuis longtemps déjà personne ne les écoute plus ;
et, quand les institutions elles-mêmes viennent à manquer à leur éloquence, les malices de leurs causeries
les consolent encore des défaites de leurs discours.

Mais, avec tous ces travers, ils ont une expérience
consommée des hommes, la science pratique de la vie,
une sagacité aiguisée par de continuelles épreuves, un
bon sens rapide et sûr, — enfin ce génie de tout comprendre, qui les rend nécessaires dans les gouvernements mêmes où l'on croirait pouvoir le plus aisément
se passer d'eux.

Rien n'est plus curieux que cette mêlée de tant d'esprits actifs, venus de partout, doués des instincts les plus divers, préparés par les éducations les plus contraires, et gardant, sous une même règle et dans de communs travaux, leur type d'origine, leur accent natal, et comme le pli naturel que rien ne peut effacer. Il y a là des âmes tout unies, *plus droites que des lignes*[1], des hommes dont l'honnêteté candide ne connaît ni pour eux-mêmes ni pour ceux qu'ils défendent les secrets détours et les expédients qui mènent aux rapides succès. Mais on y trouve aussi des natures alertes, adroites, naïvement intrigantes et remuantes, qui, même dans les plus justes causes et dans leurs ambitions les plus légitimes, ne veulent pas laisser à la justice seule tout l'honneur de la victoire, et lui prêtent encore les finesses inutiles de leur infatigable dextérité.

Au barreau, les intelligences et les talents ne sont pas moins mêlés que les caractères. Les uns plaident une cause comme ils laboureraient un sillon, avec patience, avec constance, avec l'application et le respect dus à une tâche nécessaire, ils ne songent à y rien ajouter de leur propre fond, et leur logique robuste traverse du même pas les épisodes les plus émouvants et les détails les plus arides. Pour d'autres, il n'y a

---

1. « .... Je trouve des âmes plus droites que des lignes, aimant la vertu comme naturellement les chevaux trottent... » (Madame de Sévigné, 21 juin 1680.)

ni intérêts médiocres ni sujets vulgaires. Ceux-là tournent autour de leur procès jusqu'à ce qu'ils aient trouvé l'endroit favorable par où l'art et l'imagination y peuvent entrer ; et, une fois maîtres de cette brèche, ils poussent jusqu'aux raffinements et jusqu'à la sensualité le plaisir de parler juste, et de donner au langage la couleur, l'harmonie, la nouveauté, le mouvement, toutes ces forces secrètes que le prestige de la forme peut ajouter à l'expression exacte de la pensée.

Il n'y a guère de profession où l'inégalité des intelligences amène dans les situations et dans les fortunes des contrastes plus sensibles. Nulle part la vanité publiquement humiliée n'a moins de retraites ; nulle part la pauvreté n'est aux prises avec de plus poignantes épreuves et de plus héroïques scrupules. Mais une sorte de familiarité fraternelle rapproche les distances, adoucit beaucoup d'amertumes, déconcerte l'envie ; et, comme il arrive souvent dans les carrières où le hasard a sa place, la médiocrité se console de ses mécomptes en rêvant des revanches lointaines, tandis que la misère elle-même confie ses illusions secrètes aux dieux inconnus de l'avenir.

Quoi qu'il en soit, et si présomptueux que puisse paraître ici ce jugement, j'ose dire qu'on chercherait vainement une réunion d'esprits plus éclairés, plus libres, plus ouverts à toutes les idées, mieux préparés à tous les hasards, moins étonnés des faveurs ou des revers de la fortune ; enfin, au milieu des mœurs très effacées de notre temps, une société qui soit restée plus originale encore, et au fond plus vraiment française.

M. Chaix d'Est-Ange arrivait au bâtonnat à une époque où le barreau comptait pour beaucoup dans l'estime publique. Il s'efforça de lui conserver sa place et son rang dans le monde. Il fut sans pitié pour ces doctrines faciles qui, sous prétexte de les rajeunir, voudraient corrompre nos vieilles mœurs. Il ne laissa porter aucune atteinte à ces règles étroites de délicatesse et de probité qui sont le point d'honneur de notre noblesse roturière. Il ne souffrit pas qu'au Palais la rivalité de l'argent remplaçât l'émulation du talent, et que le cabinet d'un avocat pût devenir une de ces agences bâtardes où des courtiers de procès et de plaidoiries organisent des tarifs surfaits et des concurrences mercenaires.

Mais, en même temps, l'Ordre dont il était le chef se vit entouré au dehors d'un luxe inusité. Une large hospitalité conviait les plus obscurs mêmes et les plus pauvres d'entre nous avec les personnages les plus renommés, artistes, magistrats, orateurs, ministres de la veille et ministres du lendemain. Les rencontres les plus impréveus rapprochaient les illustrations les plus diverses. Quant à nous, perdus dans cette foule brillante, nous regardions, nous écoutions avidement, et nous éprouvions cette agitation salutaire, cette émulation féconde qu'excite dans des cœurs de vingt ans la vue d'un homme célèbre ou le retentissement d'un grand nom.

Rien ne manqua à l'éclat de cette royauté laborieuse et heureuse. Une grande affaire criminelle fournit au bâtonnier la fortune singulière d'aller plaider hors de France, et ce fut pour lui l'occasion d'un triomphe inouï, qu'il reconnut en laissant sur son passage un modèle accompli de l'éloquence judiciaire.

Bientôt après, il eut à soutenir des droits des avocats dans une de ces aventures fâcheuses dont leur histoire offre plus d'un exemple.

L'alliance de la magistrature et du barreau sert de texte depuis longtemps aux mercuriales les plus somptueuses et aux allocutions les plus touchantes. Mais cette concorde séculaire ne va pas, à travers les temps, sans quelques malentendus et quelques mécomptes. Nos traditions nous ont conservé la mémoire de plusieurs de ces grandes querelles de Palais, et c'est à l'une d'elles qu'il y a deux cents ans, notre langue a dû un chef-d'œuvre de simplicité, de grâce et de finesse sérieuse [1]. Le bâtonnat de M. Chaix d'Est-Ange fut marqué par un de ces accidents domestiques.

Je ne crois pas manquer de respect envers la mémoire de M. le premier président Séguier, en disant

---

1. Le *Dialogue des avocats*, de Loysel.

que d'autres ont porté plus loin que lui la gravité du
maintien, la dignité du langage, et cette solennité sereine qui semble un des attributs consacrés de la
magistrature. Héritier d'un grand nom judiciaire,
vieilli lui-même, sous quatre règnes, dans l'exercice
d'une charge éminente à l'ombre de laquelle avaient
vécu ses ancêtres, il considérait le Palais comme sa
maison. A l'audience, il était chez lui ; et il y recevait
la justice avec le sans façon de son brusque caractère
et de son esprit impétueux. Conseillers, avocats,
avoués, les plaideurs, les huissiers et le public, étaient
pour lui comme une famille façonnée de longue main
à ses habitudes, et vis-à-vis de laquelle il ne songeait
pas à se contraindre.

Je vois encore ce petit vieillard alerte, blotti et
comme tapi sur son banc, ramassé dans les plis de sa
robe, le mortier sur les yeux, l'air à la fois spirituel
et chagrin, le regard inquiet, semblant guetter plutôt
qu'attendre les plaidoiries. Il les écoutait d'abord avec
une sorte d'impatience résignée, puis bientôt il s'y
mêlait par un entrain involontaire. Son front, ses yeux
s'animaient, et sa familiarité turbulente débordait en
interruptions et en saillies. Tantôt il approuvait l'a-
vocat ; et, pour le lui faire bien voir, il parlait avec lui,
il le questionnait, il le devinait, il allait en avant, il
le rappelait en arrière ; il l'escortait, il l'accompagnait
des chuchotements incommodes de sa voix discor-
dante. Tantôt l'orateur lui semblait lourd et diffus,

la cause mauvaise, le plaideur déloyal. Alors c'était une guerre à outrance ; il pressait l'avocat, il le poussait, il le talonnait, il l'éperonnait de ses malices criardes ; il le gourmandait avec aigreur, lui, son client et son procès, jusqu'à ce qu'il l'eût réduit à se fâcher ou à se taire. Jamais on ne vit un auditeur plus gênant dans sa bienveillance, ni plus insupportable dans son humeur. Mais, à travers ces défauts très sensibles, il avait dans les veines du vrai sang de magistrat, la tradition et l'instinct de la justice, l'horreur de la fraude, et, avec l'art de tout animer autour de lui, des coups d'esprit et des lumières soudaines qui le faisaient souvent voir loin et juger juste.

M. Séguier aimait les avocats, comme d'anciens amis de sa maison, comme la compagnie et la distraction coutumière de toute sa vie ; et, quant à eux, bien qu'ils se plaignissent très haut de ses brusques fantaisies, ses vivacités étaient cependant si franches, ses boutades si originales, si amusantes, et suivies de si sincères retours, qu'ils ne lui gardaient pas de longues rancunes. Je ne sais si je me trompe ; mais il ne me paraît pas impossible qu'avec tous ses travers, M. le premier président Séguier reste aux yeux du barreau la figure judiciaire la plus accentuée, la plus vivante et la plus populaire de notre temps.

Un jour en pleine audience, M. Séguier adressa à un avocat un mot blessant qui, dans sa généralité malsonnante, atteignait l'ordre tout entier. Le conseil

s'émut, et, d'un commun accord, les avocats cessè-
rent de paraître devant le magistrat qui les avait
publiquement offensés. Pendant quelque temps,
M. Séguier feignit l'indifférence. Il fit le magnanime ;
il affecta de prendre goût aux explications concises
des avoués, et de montrer aux avocats combien il lui
était facile de ne les plus entendre. Mais il avait beau
faire, il était visiblement malheureux ; il lui manquait quelque chose de plus qu'une vieille habitude,
il sentait ce que la liberté des plaidoiries peut seule
donner à l'autorité des arrêts, et le silence du barreau
troublait au fond de sa conscience le sentiment et
l'idée même de la justice.

Cet interrègne de la parole dura quatre mois. Les
vacances amenèrent une trêve bienvenue ; — et
après les vendanges on fit la paix. Tout le monde la
désirait sans que personne voulût le dire. Mais
M. Séguier, qui était le plus pressé, fit les premières
avances, et les avocats n'eurent garde de se montrer
trop cruels. Ils descendirent en bon ordre de ce
mont Sacré où ils se sont retirés tant de fois aux
mauvais jours de leur histoire, et ils se rendirent à
l'audience de rentrée pour y renouveler leur serment.
Ce raccommodement de famille ne coûta rien à la dignité de personne. Le premier président en fut quitte
pour quelques paroles spirituelles dans la chambre du
Conseil, avec une accolade pétulante qu'il infligea au
bâtonnier ; et, en public, pour une de ces phrases

pompeuses que la banalité du style officiel prête si aisément aux situations délicates, et qui laissent, dans le vide de leurs périodes ambiguës, toute la place qu'il faut à l'amour-propre de chacun.

Si M. Chaix d'Est-Ange, sous le gouvernement constitutionnel, ne put donner aux affaires du pays qu'une attention partagée par d'autres devoirs, au barreau du moins il servit de tout son talent les principes politiques auxquels il est toujours demeuré fidèle.

On sait assez quelle a été, surtout pendant les dernières années du gouvernement de Juillet, la violence des partis ; et, pour quiconque aime la liberté comme il le faut faire, c'est une triste épreuve que de retrouver, à travers les années, la trace encore vivante des excès qui l'ont tant de fois perdue.

Les injures les plus grossières, les mensonges les plus effrontés, les calomnies les plus stupides, semblaient ne rien coûter aux passions excitées, et les réputations les plus pures subissaient chaque jour d'indignes outrages. Aujourd'hui, à la distance où nous sommes, cette vile poussière est tombée, et les noms respectés qu'elle essayait de ternir sont entrés dans notre histoire politique sans avoir rien perdu de leur éclat. Mais alors, au milieu même du combat, chacun de ces noms avait un sens et une puissance que ces attaques violentes pouvaient amoin-

drir. Le talent, l'honnêteté, la vertu de certains
hommes ne leur appartenaient pas à eux seuls;
c'étaient aussi les armes et la force d'un parti tout entier qui, en défendant l'honneur de ses chefs, défen-
dait sa propre cause et l'honneur de son drapeau. On
ne pouvait rien céder à la mauvaise foi de l'ennemi,
rien abandonner à la crédulité prodigieuse du public;
il fallait, devant le pays lui-même appelé à les juger,
démentir chaque jour ces fables odieuses et en con-
fondre les auteurs.

M. Chaix d'Est-Ange ne faillit pas à cette tâche. Par
sa fermeté, par la vigueur de son talent incisif et
guerroyant, il semblait plus propre qu'un autre à ces
luttes où il ne fallait ni reculer ni faiblir, et où, devant des adversaires prêts à tout oser, devant un jury
intimidé souvent par des menaces, la mollesse de
l'avocat aurait pu laisser un prétexte à la malignité
publique et une retraite à la faiblesse du juge.

Bien souvent des fonctionnaires intègres, des hommes d'État éminents, vinrent faire appel à son patronage. Ils le trouvèrent toujours prêt, et plus d'une
fois sa parole ardente déconcerta les champions les
plus audacieux de la liberté de tout dire. On se sou-
vient qu'un jour, l'un d'eux eut l'imprudence de l'appeler ironiquement l'*avocat des ministres*; — mais
il s'attira sur-le-champ une réplique si vive, si mor-
dante et si juste, que personne ne fut tenté d'y revenir; et il fut entendu qu'un avocat pourrait plaider,

même pour un ministre, sans avoir trop à rougir de cette clientèle compromettante.

Cependant les mauvais jours approchaient; et, en 1846, les élections générales qui devaient être les dernières, furent partout le signal d'une agitation violente. Sous les intérêts purement politiques perçaient déjà d'autres questions autrement redoutables qui, s'enveloppant dans des théories confuses et se mêlant aux desseins d'une philanthropie suspecte, allaient soulever en convoitises sinistres l'amertume que la misère entretient au sein des classes souffrantes.

Les villes industrielles étaient surtout l'objet de ces excitations dangereuses. A Reims, par un choix habile, les comités de l'opposition présentaient pour candidat un économiste, un écrivain distingué dont les travaux avaient appelé l'attention publique sur le sort des ouvriers; c'était M. Léon Faucher, que trois ans plus tard le parti démocratique allait vouer à l'éxécration des amis du peuple, mais qui alors, précédé de proclamations bruyantes, salué par des comices tumultueux et applaudi par la multitude, put goûter, pendant huit jours tout entiers, dans des ovations de province, les courts enivrements de la popularité.

La lutte fut opiniâtre; M. Chaix d'Est-Ange la soutint avec un rare talent et un infatigable courage. Enfin son concurrent l'emporta de quelques voix, et l'ancien député de Reims, en quittant sa ville natale, put entendre les clameurs ingrates qui célébraient une victoire si vaillamment disputée.

Pourtant, même en cette disgrâce, le succès l'avait trahi, mais non pas la fortune ; et, le premier déplaisir une fois passé, il put considérer son brillant échec comme un des bonheurs les plus manifestes de son heureuse destinée. Il évita ainsi d'assister de plus près aux événements lugubres et sans gloire qui marquèrent la fin de la monarchie constitutionnelle en France. Il ne vit pas dans la confusion de tous les partis, se dissoudre peu à peu les liens les plus nécessaires, s'aveugler les esprits les plus clairvoyants ; des hommes politiques auxquels une longue expérience aurait dû enseigner la sagesse, faisant par mégarde une révolution, et renversant, au nom de la liberté, un des gouvernements les plus libres, les plus éclairés et les plus humains dont, jusque-là, ait pu s'honorer notre histoire.

Je n'étonnerai personne en affirmant que M. Chaix d'Est-Ange vit la révolution de février sans enthousiasme. Il en prit même son parti moins vite que beaucoup d'autres, et il ne voulut contracter avec elle aucune de ces intimités provisoires qui peuvent rendre plus tard les ruptures moins faciles et les séparations plus suspectes. Mais il dut à la République, qu'il n'aimait pas, un service qu'il serait injuste de méconnaître.

Dans les époques troublées, il y a comme une contagion de mouvement et d'énergie qui gagne presque tous les esprits, élève les caractères et forti-
fie les talents. De tous les arts, l'éloquence est celui
qui s'acclimate le mieux en ces régions ora-
geuses, qui se mêle le plus activement aux passions,
les ressent de plus près et les exprime avec le
plus de puissance. Le souffle des révolutions paraît
aviver cette flamme. Les anciens, ces artistes sans
rivaux, l'ont dit dans un langage qu'il serait téméraire de traduire : *Magna eloquentia, alumna
licentiæ, comes seditionum, effrenati populi inci-
tamentum, sine obsequio, sine servitute, contumax,
temeraria, arrogans, quæ in bene constitutis civita-
tibus non oritur* [1].

M. Chaix d'Est-Ange prit à la révolution tout ce
qu'il lui pouvait emprunter pour combattre ses excès.
Il usa, pour protester contre ses licences, de toute la
liberté qu'elle se vantait de nous avoir donnée. Le
spectacle de cette société bouleversée mûrit son
esprit, retrempa son ardeur, donna à ses convictions
une forme plus précise et à son éloquence un accent
plus ému. Sans vouloir toucher aux affaires publiques,
sans cesser un instant d'être avocat, il fut plus d'une
fois l'interprète véhément, le tribun d'un grand parti ;
et, lorsqu'un jour une occasion imprévue lui permit

---

1. Tacite, *Orator.*

de dire publiquement ce qu'il avait au fond du cœur;
son indignation lui inspira une apostrophe vengeresse
qui s'est gravée, pour n'en plus sortir, dans la mémoire des contemporains.

Bientôt la République tomba, et ses amis eux-
mêmes furent moins étonnés de sa chute qu'ils ne
l'avaient été de son soudain avènement. Elle s'étei-
gnit presque à jour marqué, sous cette loi immuable
et sans cesse oubliée, qui fait succéder le silence aux
abus de la parole, et l'autorité d'un seul homme aux
excès de la liberté. La tribune allait disparaître pour
longtemps, et la parole judiciaire elle-même allait
se ranger sous une discipline plus sévère : « L'élo-
« quence, comme tout le reste, se pacifia sous une
« main souveraine [1].

L'énergie dans le chef, l'obéissance chez les agents,
le commandement en haut, l'ordre partout, et dans le
lointain la liberté, telles étaient les promesses du
régime nouveau ; et elles répondaient trop bien aux
vœux de M. Chaix d'Est-Ange pour qu'il ne les sa-
luât pas de toute sa reconnaissance.

Peu à peu il rentra dans la vie publique où, pour
la première fois, il se sentait complètement à son
aise et à sa place ; et, lorsqu'il reçut de l'Empereur
les fonctions éminentes qu'il occupe aujourd'hui, il
eut ce bonheur singulier de n'avoir à sacrifier à sa

---

1. *Magna principis disciplina eloquentiam, sicut omnia alia, paca-
verat. (Orator.)*

4.

situation nouvelle ni les opinions, ni les attache-
ments, ni les souvenirs de son passé.

En recueillant les plaidoiries que l'on va lire, je me
suis proposé d'être utile au barreau, de mettre sous
ses yeux des exemples profitables, et de lui rappeler
des souvenirs dont il doit être fier.

Peut-être quelques-uns de ces discours, survivant
aux intérêts périssables qui les ont inspirés, franchi-
ront-ils les bornes étroites de nos traditions domestiques et trouveront-ils un jour leur place dans l'histoire littéraire de notre temps. Toutefois je n'ose pas
leur assurer cette fortune lointaine. Bien des voix
convaincues célébrèrent à l'envi l'antique fraternité
des lettres et du barreau. Mais, à mes yeux, cette
alliance fameuse n'est qu'une parenté incertaine,
dont les titres ne sont pas clairs, et sur laquelle
nous aurions tort de trop compter.

Il ne faut pas demander aux écrivains ce qu'ils
en pensent. Tour à tour, au gré de leurs besoins ou
de leurs caprices, ils nous vantent sans mesure ou ils
nous dénigrent sans pitié. La veille d'un procès, un
avocat peut être flatté, même par des poètes; mais il
faut se défier du lendemain. Voltaire, après avoir lu
le mémoire d'Élie de Beaumont pour les Calas, écrivait « qu'il se trouvait ramené aux beaux jours de
« l'éloquence, quand Cicéron plaidait dans l'assem-
« blée du peuple pour Amerinus accusé de parricide. »

Mais Voltaire n'en croyait rien; il savait mieux qu'un autre que M. Élie de Beaumont n'était pas Cicéron; et, dans le franc-parler de sa correspondance littéraire, il appelait tout simplement les avocats « des « bavards secs; » ou bien il affirmait avec son sérieux cruel « qu'il croyait bien que leurs plaidoyers pour « les coutumes du Hurepoix et du Gâtinais passeraient « à la dernière postérité. » A vrai dire il n'était pas plus juste dans ses dédains qu'il n'était sincère dans ses éloges. Mais, si ce grand artiste, au lieu de composer des mémoires médiocres pour les Sirven, pour les Calas, pour Lally et pour le chevalier de la Barre, avait pu entendre un Gerbier plaider librement et publiquement ces grandes causes, au nom de la justice, de la tolérance et de l'humanité, sans doute le souffle de cette parole vivante l'aurait lui-même emporté; et les discours sur la coutume de Hurepoix ne lui auraient pas paru le dernier mot et l'effort suprême de l'éloquence judiciaire.

Quant à la postérité, — puisque ce grand mot s est rencontré sous ma plume, — les avocats et les orateurs y prétendent rarement; et, s'ils y arrivent quelquefois avec les littérateurs et les poètes, c'est par des chemins plus ardus et au prix d'un plus rude labeur.

L'écrivain qui, dans une retraite paisible, élève librement son esprit vers les intérêts ou les rêves éternels de l'humanité; qui contemple sa pensée en silence, qui la polit, l'arrange et la compose à son gré, puis en creuse enfin l'image dans une forme lentement cherchée, a du côté de l'avenir de trop sensibles avantages. La distance, le lointain, n'enlèvent rien à sa gloire. Le temps même prête souvent à ces œuvres exquises de l'art un jour plus favorable, et je ne sais quoi de plus achevé... Non, les orateurs ne sauraient disputer cette immortalité tranquille que le génie des lettres peut donner.

L'éloquence ne connaît ni la méditation ni le repos. C'est une puissance inquiète et troublée qui, dans la mêlée de nos passions et de nos affaires d'un jour, trace en courant des ébauches incorrectes et rapides. D'un mot inachevé, d'un geste involontaire, d'un cri, d'un regard, elle agite, éclaire, entraîne les esprits et les cœurs. Mais son pouvoir souverain n'a que la portée de la voix qui tombe, la durée de la parole qui s'enfuit. L'heure présente est son domaine, la vie est son empire; et, quand l'orateur arrive devant la postérité, il s'y présente comme un roi détrôné, sans cortège, sans éclat, dépouillé de ses splendeurs fragiles, seul avec le vain bruit de sa renommée, et quelques pâles écrits qui sont les témoins impuissants de son génie.

Mais ce sont là des querelles inutiles. Je ne sais si dans le domaine sans limites de l'intelligence, si dans les vocations diverses de l'esprit, il y a des rangs et des préséances nécessaires. Dans tous les

cas, ce n'est pas moi qui oserais prendre le droit de
les régler. Ce que je veux seulement dire encore,
c'est qu'entre la littérature et l'éloquence d'une époque, — fût-ce l'éloquence des procès, — il y a des
conformités saisissantes, beaucoup d'emprunts mu-
tuels, beaucoup d'échanges involontaires, des traits
communs et un air de famille frappant, qu'il est curieux d'observer à distance. En lisant Cochin ou
d'Aguesseau, on pense volontiers à Racine : ils parlent, comme lui, cette langue mâle, harmonieuse et
saine que leur jeunesse avait entendue au déclin du
grand roi. En parcourant les mémoires de Linguet,
d'Élie de Beaumont ou de Bergasse, les réquisitoires
de La Chalotais ou de Servan, les plaidoiries mêmes
de Gerbier, il vous vient, malgré vous, des réminiscences de Diderot, de Marmontel, de *Bélisaire* et du
Père de famille.

M. Chaix d'Est-Ange est bien l'avocat de son pays
et de son temps. Sans le vouloir, sans le savoir, et
quoi qu'il en puisse penser peut-être, il a été un des
complices actifs de ce mouvement qui, aux jours de
sa jeunesse oratoire, éclatait avec des succès divers
dans tous les arts de l'intelligence. Grâce à lui et à
ses illustres émules, il y a des déclamations pompeuses, des lieux communs emphatiques, une rhétorique molle et bouffie qu'on est à peu près sûr de
ne plus rencontrer au Palais. Ils en ont débarrassé la

justice, pendant que de grands écrivains délivraient
la tragédie des confidents, des récits et des *songes*.

Mais, tout en rendant, pour sa part, à l'éloquence
des affaires, la simplicité, le naturel et la vigueur,
M. Chaix d'Est-Ange a su parler une langue originale,
élégante, ornée, pleine de ces surprises bienvenues
qui arrêtent, charment et maîtrisent l'attention. Il
n'a jamais pensé qu'en plaidant, le mouvement, la
passion et le style fussent, comme on voudrait nous
le faire croire aujourd'hui, des curiosités inutiles
ou des licences importunes; et il n'aurait jamais subi
ces formules écourtées que la sagacité hâtive du
juge prétend parfois imposer au libre essor de la
parole.

M. Chaix d'Est-Ange a donné au barreau de brillants modèles; il n'y fondera pas une école. Comme
tous les artistes doués d'une originalité puissante, il
défie les imitateurs; et pour nous qui avons été ses
disciples, prenons garde que ses exemples ne nous
inspirent l'ambition téméraire de lui vouloir ressembler.

Il appartient à cette lignée de grands avocats qui,
depuis quarante ans, ont illustré notre histoire, et que
les honneurs, la fatigue, le cours impitoyable du
temps nous enlèvent tour à tour. Leur jeunesse a

respiré un air généreux, tout chargé d'idées, de passions et d'ardeurs. Ils ont grandi au milieu de tous les bruits de l'intelligence, au milieu de tous les orages des partis, en des temps où le barreau se mêlait à la vie publique par une active et féconde familiarité. Des occasions favorables ont élevé leur pensée, agrandi leur talent, ouvert l'horizon devant eux : et aujourd'hui, même dans le cercle étroit où des événements imprévus les ont ramenés, leur parole a gardé, soit dans l'ampleur de sa forme, soit dans sa vigoureuse clarté, soit dans les raffinements de son incomparable élégance, je ne sais quel souffle d'un grand art qui s'en va, je ne sais quel vol large et libre que rien ne saurait égaler.

Peu à peu, ces maîtres disparaissent; je ne sais s'ils seront un jour remplacés, et je ne veux pas dire ici pourquoi il est permis peut-être d'en douter. Mais, pendant qu'il en est temps encore, soyons attentifs à ces voix admirées. Ne laissons pas périr à jamais les traces de cet art merveilleux et fragile qui a ému, instruit, charmé notre jeunesse. Soyons ses témoins fidèles; et, si nous ne pouvons garder nos souvenirs tout entiers, retenons au moins le fantôme et l'ombre de l'éloquence qui s'enfuit. Recueillons d'une main dévouée, pour ceux qui vivront après nous, ces pages muettes qu'aucun souffle ne fait tressaillir, ces discours que la parole n'anime plus. Faisons comme ces artistes modestes qui, dans la solitude et le silence,

sur des fragments épars, sur des vestiges à demi
disparus, copient et recomposent quelque monument désert où retentissaient autrefois les bruits de
la vie.

EDMOND ROUSSE.

22 mars 1862.

249. — Typographie A. Lahure, rue de Fleurus, 9, à Paris.

NOTICE

SUR

CHARLES SAPEY

PARIS. — TYPOGRAPHIE A. LAHURE

Rue de Fleurus, 9

NOTICE

SUR

CHARLES SAPEY

DOCTEUR EN DROIT
AVOCAT GÉNÉRAL A LA COUR DE PARIS

PUBLIÉE EN AVRIL 1866

PAR

EDMOND ROUSSE

Avocat à la Cour d'appel, ancien bâtonnier

PARIS

TYPOGRAPHIE A. LAHURE

9, RUE DE FLEURUS, 9

—

1880

NOTICE

SUR

CHARLES SAPEY[1]

Il y a près de trois ans que Charles Sapey n'est plus. Lorsqu'il mourut, à peine au déclin de la jeunesse, la magistrature et le barreau de Paris, au milieu desquels s'était écoulée sa vie, ressentirent comme il le fallait l'amertume d'une telle perte. Une pitié respectueuse et tendre se mêlait à notre commune douleur. Ce n'était ni un deuil ordinaire, ni ce tribut de bienséances accoutumées que l'homme doit et paye volontiers à la mort.

Je reviens seul, aujourd'hui, vers ce doux compagnon de mes jeunes années, pour demander aux jours d'autrefois des souvenirs que le temps n'a pas effa-

---

1. Charles-Alexandre Sapey, né à Paris, le 28 novembre 1817 : mort le 27 juillet 1863.

cés. A travers ce demi-lointain qui déjà l'environne, je voudrais envisager une dernière fois cette figure délicate, et tâcher d'en fixer l'empreinte sans trop altérer sa pureté.

Il y a bien longtemps que le nom de Sapey m'a frappé pour la première fois. Lorsque j'étais encore enfant, je l'entendais mêlé chaque année aux pompes classiques de notre vieux collège, et salué par les fanfares de la Sorbonne parmi les noms de ses lauréats les plus glorieux. C'était peu de temps après 1830 ; Charles Sapey suivait alors les classes du collège de Saint-Louis. Son application au travail, ses succès constants, la douce gravité de son caractère et de ses traits inspiraient autour de lui un sentiment qui déjà ressemblait à de la déférence, et son excessive réserve, en l'isolant un peu, lui donnait, en cette extrême jeunesse, un air de mélancolique maturité.

Des maîtres distingués prenaient plaisir à cultiver cette intelligence attentive et cette âme charmante. Mais le premier de tous fut son père ; et c'est à lui qu'appartient, avant tous les autres, l'honneur des succès de sa jeunesse et des vertus de toute sa vie.

Sapey avait dix-huit ans à peine lorsqu'il perdit ce maître adoré, et il apprit à connaître la mort par le coup le plus terrible qu'elle lui dût jamais porter. Dès qu'au milieu de ses larmes il put se reconnaître et

penser, il résolut d'élever à cette chère mémoire un
monument digne d'elle. « Le souvenir de mon père
« bien-aimé, dit-il, ne s'effacera jamais de mon cœur ;
« mais je veux qu'il vive encore après moi... » Un
exemple classique enhardissait ce jeune esprit tout
pénétré du respect de l'antiquité. Il ouvrit son Tacite,
et tout en relisant la vie d'Agricola, il écrivit la bio-
graphie de son père[1].

Rien n'égale les élans de reconnaissance et de
tendresse qui éclatent à chaque page de cette petite
épopée domestique. Avec une incomparable piété,
dans ce style un peu larmoyant et vieilli de la fin du
dernier siècle, dont il n'a jamais pu se débarrasser
tout à fait, il peint son père, en revenant sans cesse
sur ce trait : « comme le plus vertueux, *le plus sensible* de tous les hommes. Il avait, dit-il, de l'esprit, de la finesse, une intelligence remarquable,
des connaissances variées et profondes ; mais il
avait surtout de l'âme, il faisait tout avec son
âme... »

Comme la plupart de ses contemporains, M. Sapey
avait vu sa jeunesse traversée, déroutée à chaque
pas par les secousses de la Révolution. Tour à tour
élève de l'École polytechnique naissante à peine,
défenseur officieux devant le jury, commis d'inten-
dance à la suite des armées républicaines, litté-

---

1. *Mon père*, 1838, avec cette épigraphe : « Posteris suis narratus et
traditus superstes erit. » (TACITE, *Vie d'Agricola*.)

rateur par goût, auteur dramatique par occasion,
M. Sapey avait fini par enfouir dans un bureau et
heurter contre une disgrâce des facultés supérieures,
un esprit de premier ordre, et cette grande âme
sensible et vertueuse, dont l'indépendance se pliait mal
aux petites misères des tyrannies subalternes. En
1825, il quitta résolûment des fonctions où il semble
qu'il étouffait un peu, et se consacra tout entier à
l'éducation de son fils.

Il faut entendre Sapey raconter, les larmes aux
yeux, comment la patience et la bonté de son père
luttaient contre « cette timidité extrême qui avait besoin à chaque instant d'être encouragée, rassurée,
consolée; comment ce maître excellent savait tout
débrouiller, tout éclaircir; comment il lui inspirait
l'amour du travail, l'émulation, l'ardeur du succès... » Mais ce qu'il faut surtout recueillir avec soin,
comme un monument d'un autre âge, comme une
curiosité respectable au milieu de notre société distraite et superbe, c'est le récit des soirées de famille
qui couronnaient les travaux et les plaisirs innocents
de chaque jour : « Après le repas, nous revenions
« tous nous presser au coin du feu ; et alors mon
« père nous faisait avec sa voix douce, *sensible*, émue,
« avec cette voix que nous n'entendrons plus sur cette
« terre, une lecture instructive et touchante... Il nous
« parlait de ses affaires ; car il ne nous cachait
« rien ; et dans tout ce qu'il nous disait, dans ses

« projets qui se rapportaient tous à nous, nous trou-
« vions toujours de nouvelles raisons de l'aimer da-
« vantage. On ne pouvait pas s'arracher à ces con-
« versations du soir ; mais, enfin, il donnait le signal ;
« nous nous mettions à genoux, et nous faisions tout
« bas, mais tous ensemble, afin que Dieu fût au milieu
« de nous, la prière du soir. Oh ! comme la sienne
« devait être belle ! Nous nous étions mis à genoux,
« nous nous levions ensemble. Alors nous l'embras-
« sions tous et nous reposions en paix toute la nuit,
« car la bénédiction du père de famille était sur
« nous... »

Cela se passait en 1828, au refrain des chansons
de Béranger, au bruit des pamphlets de Courier, à la
veille d'une révolution. Telle était alors dans son
intimité la plus discrète, prise en flagrant délit de
ses antiques vertus, cette vieille famille bourgeoise,
royaliste et catholique, que l'esprit du xviiie siècle
avait cependant échauffée de son souffle, qui avait
donné des gages aux idées libérales de son temps,
et dont la foi tranquille ne demandait aux puissances
de ce monde ni encouragements ni récompenses.

C'est à cette pieuse école, dans ce cadre sévère,
un peu étroit peut-être, que l'intelligence de Sapey
se fortifia et mûrit. Ses succès de collège avaient fait
de bonne heure à son nom une sorte de popularité
respectueuse. Mais jamais ils ne purent vaincre cette

défiance de soi-même qui, au milieu de nos emphases contemporaines, devait rester le trait singulier et l'honnête défaut de toute sa vie. Il entra dans le monde très instruit, très sage, très pieux, un peu trop discipliné peut-être, trop accoutumé à sentir près de lui le guide infaillible sur lequel il réglait tout son esprit et toute son âme. C'est là l'écueil de ces chères tyrannies de la famille, quand elles rencontrent des intelligences dociles et tendres. Elles les envahissent tout entières ; l'habitude et le charme d'obéir y endort doucement la liberté ; ensuite, quand vient le temps de penser seul et d'agir, il faut à l'homme un long effort pour effacer la marque et le pli de l'enfance. Sapey ne put échapper tout à fait à ce danger.

Vers 1832, au moment où il terminait ses études, le mouvement littéraire né en France à la fin du xviiie siècle, vainement comprimé sous l'Empire, et salué sous la Restauration comme l'une des formes les plus populaires de la liberté, achevait, après mille combats, sa marche victorieuse. Par surprise ou par violence, le romantisme avait forcé les portes de nos écoles, et à travers les brèches ouvertes de tous côtés, des souffles inconnus agitaient nos jeunes têtes. L'insurrection grandissait chaque jour. Dans nos cahiers de rhétorique, au milieu des vieilles élégances arrachées au *gradus*, on voyait se dresser tout à coup de formidables nouveautés. Des distiques séditieux parodiaient les hexamètres pompeux de la *Henriade*, et des caricatures vengeresses outrageaient, au frontispice de l'*Art poétique*, la figure sereine de Boileau.

Rien n'est risible, quand on les relit à cette distance, comme les compositions que forgeait en ce temps-là notre adolescence naïve. C'était un mélange d'imitations puériles et d'inventions démesurées ; des enluminures monstrueuses flamboyant au reflet des *Orientales*; d'extravagantes rêveries poussées à la dérive par la brise perfide du *Lac*, ou les orages de *Manfred* débordant en enjambements désespérés dans des stances fatales. La maladie de René nous tenait presque tous. Mais dans ce pêle-mêle bizarre on sentait courir je ne sais quel souffle de vie, une puberté maladroite et vigoureuse qui éclatait en généreux efforts, et dont la jeunesse d'aujourd'hui, pour ne la point connaître, aurait mauvaise grâce peut-être à trop médire.

Le sage Sapey se tenait à l'écart de ces audaces. Sa nature, son éducation, ses premiers succès, tout le poussait vers la littérature, au moins vers cette littérature de jeunesse et de passage qui, sans engager la vie tout entière, est à vingt ans la distraction ou la passion de toute âme bien née. Mais en cédant au besoin d'écrire qui nous tourmentait presque tous, il demeura fidèle à la religion dans laquelle il avait grandi. Son père, — qui récitait *Zaïre* avec transport,

et qui avait commencé une tragédie tirée des *Incas*[1],
— avait vu l'invasion romantique avec effroi. C'était
assez pour que son disciple docile s'interdît tout commerce avec les barbares. La piété filiale, le point
d'honneur de l'école, une sorte de terreur religieuse,
s'accordaient sur ce point avec la délicatesse craintive
de son goût; et si parfois il prêtait l'oreille à quelque
dangereux enchanteur, l'ombre paternelle se dressait
devant lui pour mettre en fuite ces chimères.

J'ai sous les yeux la plupart de ses premiers essais, ces *Juvenilia* que l'on ne doit jamais dédaigner,
car, après tout, c'est là que nous mettons souvent le
meilleur de nous-mêmes. Dans ces ébauches juvéniles
de Sapey, il faut regarder de bien près pour découvrir la marque et la date de son temps. Nulle part on
n'y sent cette intime souffrance, ce malaise de la pensée et du langage, cette veine inégale, turbulente et
troublée qui, dans ses grandeurs comme dans ses faiblesses, trahit de si loin toute la littérature de cette
époque. Dans ses jours de hardiesse, il se hasarde
bien quelquefois jusqu'à Ossian et jusqu'à Shake-
speare, — en se faisant présenter par Ducis et par

---

1. « Je l'ai vu, il y a trois ans, faire fondre en larmes son auditoire,
à la lecture de *Zaïre*. » (*Mon père*, par Ch. SAPEY.)

— La tragédie commençait ainsi :

C'est à vous, Alonzo, que je dois la victoire ;
Vous vous êtes acquis une immortelle gloire ;
Huascar est vaincu. etc., etc., etc.   (*Ibidem.*)

Baour-Lormian ; — on rencontre bien dans ses écrits des *Olga*, des *Elfride* et des *Ethelwood* qui ont dû coûter quelques inquiétudes à sa conscience. Mais presque partout ce sont de petites compositions classiques où revit l'inspiration courte et correcte des écrivains secondaires du dernier siècle. Des fables, des épîtres, des nouvelles, des pièces dont le titre dit tout : *La rose et le rosier. Estelle ou la Bergère reconnaissante*, des adieux poétiques à *la Maisonnette des Champs*, qui rappellent de loin la *Chartreuse* de Gresset ; enfin toute une œuvre élégante, légère et facile, qui aurait bien tenu sa place à la petite cour de Sceaux, dans la bibliothèque du duc de Penthièvre, entre les pastorales de Florian et les *Saisons* du chevalier de Saint-Lambert.

En se défendant ainsi contre la révolution littéraire qui l'envahissait de toutes parts, Sapey subissait pourtant le joug d'un formidable novateur. Dès son enfance, il avait voué au génie de J.-J. Rousseau un culte qui ne s'est jamais démenti. Là encore, c'est de son père que lui venait l'inspiration et l'exemple :

« J.-J. Rousseau, nous dit-il, était l'auteur de pré-« dilection de mon père. Il ne lisait jamais sans atten-« drissement les belles pages d'*Émile* ou de *Julie*. La « profession de foi du *Vicaire savoyard* était pour « lui le chef-d'œuvre de l'éloquence... Il pleurait en « lisant ces lignes qu'écrivit l'âme de Jean-Jacques ; et « quand il me voyait, avec une nature moins heureuse,

« mais qui sent cependant, et surtout qui veut sentir,
« rester froid à de certains passages, il répétait ce
« vers qu'il eût été digne de faire :

« Malheureux! tu n'as donc jamais versé de larmes!... »

Quoi qu'il en soit, cette grande âme insurgée de
Rousseau l'avait subjugué tout entier; elle l'emportait
dans son vol; elle échauffait de ses ardeurs sa fine et
frêle nature qui « *voulait sentir*, » et qui avait la curiosité, sinon le tempérament des passions. Il se livrait sans crainte à ce penseur solitaire qui, dans les
tâtonnements de sa logique aveuglée, semble chercher la lumière avec une si âpre sincérité; qui ébranle
le vieux monde d'une main respectueuse, sans raillerie, sans insulte, avec des soupirs et des larmes,
comme si la vérité, quand il la croyait entrevoir, lui
coûtait, ainsi qu'à la sibylle antique, de mystérieux
déchirements. Mais dans les écrits de Rousseau, ce
qui entraînait surtout l'esprit si cultivé de Sapey,
c'était la forme incomparable dans laquelle s'écoule
en s'apaisant cette pensée tumultueuse et puissante ;
c'était cette langue correcte, magnifique et limpide,
pareille à un fleuve où les torrents tombent en gron-
dant, sans jamais troubler sa pureté.

Dans les essais de sa jeunesse, dans les œuvres de
sa maturité, partout on trouve la trace, l'imitation,
j'ai presque dit l'obsession de Jean-Jacques. Quelquefois cet esprit scrupuleux semble inquiet de son

admiration, et alors il s'efforce de la justifier par des subtilités ingénieuses. Il écarte les dissentiments profonds qui devaient le séparer de Rousseau, et il ne veut voir que les endroits où ils se peuvent entendre. Catholique fervent, il sait gré du moins au Vicaire savoyard de croire en Dieu. Partisan de la monarchie, il rend grâce au rêveur du *Contrat social* de juger la France trop corrompue pour la république. Homme de famille, il va jusqu'à ressusciter dans un petit roman bizarre le fils de Thérèse Levasseur, et dans un coin de la forêt d'Ermenonville, il le pousse entre les bras de ce père suspect qui l'a si durement abandonné[1].

Même dans l'intimité de sa vie si pure, l'idée fixe de Jean-Jacques le poursuit. Si l'un des siens tombe malade, ce qui le frappe d'abord, en cette austère douleur, c'est un ressouvenir presque lascif des confessions : « Il eut des maux de tête d'une terrible « violence, des tintements, des bourdonnements dans « les oreilles, quelque chose enfin d'analogue à ce « que Jean-Jacques Rousseau a éprouvé chez Mme de « Warens... »

C'est encore ce génie familier et tyrannique qui semble lui prêter quelques traits de caractère, et si je l'osais dire, quelques manies minutieuses à travers

---

1. Fragment trouvé sous les ruines d'une cabane, dans la forêt d'Ermenonville. (Ch. SAPEY, *Manuscrits.*)
— J.-J. Rousseau était-il l'ennemi de la religion catholique? (*Ibidem.*)

tant de talent. En parcourant d'une main respectueuse ces notes, ces manuscrits si nets, si bien
classés, reliés avec tant de soin, que mon pauvre
camarade a laissés, je ne peux m'empêcher, à mon
tour, de songer à cette belle écriture dont Rousseau
était si fier, et à cette copie de la *Nouvelle Héloïse* :
« qu'il mit au net avec un plaisir inexprimable, em-
« ployant pour cela le plus beau papier doré, de la
« poudre d'azur et d'argent pour sécher l'écriture, et
« de la non-pareille bleue pour coudre les cahiers [1].»

Enfin, pour que rien ne manque à l'unité de ce
culte fidèle, l'un des derniers écrits de Sapey contient
le récit d'un pèlerinage aux Charmettes, et des vers :

> « Au précepteur d'Émile, à l'amant de Julie...»

que l'on peut lire, tracés par cette chaste main, à
deux pas de l'alcôve de Mme de Warens [2].

Lorsque vint pour Charles Sapey le moment de
choisir une carrière, aucune vocation impérieuse
n'enchaînait son avenir. Sa rare intelligence, sa forte
éducation lui auraient assuré presque partout le succès. Il lui fallait cependant un état qui ne gênât pas
de trop près son indépendance, la dignité un peu
sauvage de son caractère, et ce goût très vif des
lettres qui avait fait le charme et l'honneur de ses

---

1. *Confessions* de J.-J. Rousseau (II⁰ partie, liv. ix).
2. *Une visite aux Charmettes*, par M. Ch. S···, 1858.

premières années. Les conseils de son père et des
convenances de famille l'attiraient vers la magistrature ou vers le barreau. Il obéit, par déférence et par
préférence à la fois, pressentant que de ce côté il
trouverait encore un horizon assez ouvert, avec des
échappées faciles vers les études et les rêveries
familières de sa jeunesse.

Il fit son droit comme il avait fait ses classes, avec
une supériorité constante et des succès éclatants. A
la fin de ces études nouvelles, le hasard d'un concours lui donna un sujet de dissertation magnifique,
le droit des étrangers en France. Le jeune docteur
n'était pas homme à traiter légèrement cette bonne
fortune. Après l'épreuve officielle, dont il sortit vainqueur [1], il reprit son travail, le remit sur le métier,
le finit à loisir; deux ans après, l'humble thèse était
devenue un ouvrage excellent et complet, qui attes-
tait dans le talent de l'écrivain un progrès désormais
plus sensible chaque jour [2].

Tout en suivant les cours de l'école, Sapey commença selon l'usage à fréquenter le Palais, pour s'ac-
climater à ce pays où il devait passer sa vie. Sa
bonne renommée l'y avait précédé. Les stagiaires lui
ouvrirent avec empressement les rangs de leurs conférences, et les magistrats lui confièrent avec sécurité

1. Médaille d'or au concours de 1842.
2. *Les étrangers en France, sous l'ancienne et la nouvelle législation.*
Paris, Joubert, 1843.

des défenses d'office épineuses. Il lui fallut tenter
alors cette épreuve redoutable de la parole, pour laquelle de fortes études et une vocation littéraire dé-
cidée ne sont quelquefois ni une préparation nécessaire, ni une garantie infaillible.

Personne ne devait ressentir plus vivement cette
inconcevable émotion que donne la vue du public,
cette terrible maladie de la peur qui, aux débuts,
n'épargne pas même les plus braves, qui plus tard,
au moment où ils y songent le moins, les reprend
quelquefois par de perfides accès, et que dans de certaines natures, ni l'âge, ni l'habitude, ni le succès,
ne peuvent jamais bien guérir. Mais le sentiment du
devoir, la volonté de bien faire et l'ambition de bien
dire furent les plus forts ; la première épouvante passée, il ne resta que la grâce, la finesse, la pureté d'un
langage prémédité jusqu'à la recherche, une dextérité singulière pour mêler, sans que l'on pût apercevoir la jointure, les familiarités de l'improvisation
aux élégances de la plume ; en un mot cet art délicat qui, pour être moins rare alors au Palais qu'il ne
l'est aujourd'hui, ne laissait pas cependant d'être
déjà parmi nous une singularité assez curieuse.

En 1842, Sapey reçut de l'estime de ses confrères
une distinction enviée. Il fut appelé à prononcer le
discours d'usage, à l'ouverture des conférences. Pour
qui connaissait l'orateur, il était assez facile de prévoir le texte du discours : « l'alliance des lettres et

du barreau... » Il y avait là de quoi séduire cet esprit ingénieux, plus élégant que hardi, qui n'avait pas
alors pour les lieux communs une aversion invincible,
et qui, tout plein des souvenirs récents du collège,
était sujet à des retours assez marqués de rhétorique.
Il écrivit son discours avec esprit, avec grâce; il le
lut avec une émotion habile, avec cet accent pénétrant et doux qui était l'accent juste et comme la
voix de son talent. Son succès fut complet.

Quant au fond même du discours, quant à cette
alliance si vantée des lettres et du barreau, je ferais
volontiers bien des réserves. Pour prouver cette fraternité douteuse, il y a depuis longtemps des procédés
convenus, et comme des recettes oratoires qui sont
restées classiques parmi nous. Siècle par siècle, on
recherche les avocats ou les magistrats qui ont trouvé
dans des travaux littéraires la distraction de leurs
austères devoirs. Rien n'échappe, pas même un son-
net. On rappelle avec orgueil la *Plume doré* de
Terrasson, les *Mercuriales* de Daguesseau, le goût si
sûr de Patru, Pellisson et ses mémoires à l'Académie,
Loysel et son dialogue charmant, Pithou et la *Satyre
Ménippée*, les distiques latins de Guillaume Duvair et
du grand L'Hospital, les *Recherches historiques* de
Pasquier, sans oublier ses petits vers audacieux sur
la puce de Mlle Des Roches ; — et quand on a groupé
avec art ces ombres illustres sous le péristyle du Palais, on fait le tour de ce petit Parnasse judiciaire, en

invoquant les muses et en rendant grâces aux dieux. C'est un peu ce que fit Sapey.

Dirai-je qu'à mon sens il y a dans tout cela quelque exagération, une confusion d'idées, dont notre vanité s'accommode et que l'usage perpétue?... A quoi bon? Il y a dans certains états comme dans certaines familles des préjugés utiles qu'il ne faut pas décourager trop durement. Comme toutes les institutions qui ont derrière elles un long passé, notre vieux barreau vit sur un fonds de traditions et d'illusions qui sont comme la légende dorée de son antique histoire. Son alliance avec les lettres est une de ses croyances les plus chères. Malgré bien des mécomptes, à travers bien des querelles de famille, il tient à cette parenté séculaire qui le relève et l'ennoblit. Ne regardons pas de trop près à ses titres, et, fût-ce un rêve, respectons aujourd'hui plus que jamais cette innocente chimère. Un jour, je l'espère, lorsque cette vaine critique sera depuis longtemps oubliée, un stagiaire convaincu célèbrera encore devant nos jeunes descendants cette alliance éternelle des lettres et du barreau qu'auront vantée ses ancêtres; et ce jour-là, par un hommage légitime, le nom de Charles Sapey prendra sa place entre Patru et Terrasson, à quelque distance de Daguesseau, sur cette liste glorieuse où il a inscrit lui-même les noms de ses devanciers.

L'âge venait cependant. Il fallait entrer plus avant

dans ce monde des affaires dont il ne connaissait
guère que les dehors, ou dont les côtés brillants frap-
paient seuls son imagination. Il fallait pénétrer cette
foule d'hommes intelligents et actifs, que l'ambition,
le hasard ou le besoin de vivre poussent dans cette
route difficile. Au milieu de cette mêlée, il lui fallait
un guide sûr. Il sollicita l'honneur de travailler avec
M. Paillet, et devint bientôt l'un de ses secrétaires les
plus utiles. La maison de ce grand avocat était une
demeure hospitalière, ouverte de tous côtés au mouvement et aux bruits aimables de la vie. Pour Sapey,
cette existence expansive devait faire un contraste
assez sensible avec l'austère tranquillité du foyer paternel. Mais il trouvait là une famille intelligente et
simple, pleine d'esprit et de bonhomie, dont les malices bienveillantes égayaient, sans le blesser, son humeur sérieuse. Il vivait dans un petit cercle de compagnons polis et lettrés, parmi lesquels il rencontrait
l'un des émules les plus brillants de ses premiers
succès [1]. Il entrait ainsi en très bonne compagnie,
sans froissement, sans secousse, presque à son insu,
dans ce monde judiciaire où, livré à lui-même, il
aurait eu quelque peine sans doute à trouver son
chemin.

De tous les maîtres du barreau, M. Paillet était
celui peut-être dont les leçons lui devaient être le

1. Alfred Lévesque, avocat distingué, dont les succès universitaires
ont fait époque dans la légende du pays latin.

2

plus profitables. Mieux qu'aucun autre, il pouvait par ses exemples lui enseigner la sobriété oratoire, la discrétion en toute chose, même dans l'élégance, les ménagements que l'avocat doit à la sagacité ou à l'impatience du juge, et comment, à l'occasion, il faut savoir jeter à la mer ses richesses, son bagage, son lest, et parfois jusqu'à ses agrès. « *Amo in juvene unde aliquid amputem,* » a dit Cicéron, qui pourtant n'aimait guère pour son propre compte ces sortes d'amputations. Il y avait quelque chose à couper dans le talent de Sapey; et si l'on veut me permettre cette réminiscence classique qu'il me pardonnerait plus volontiers que personne, — Paillet était un peu la *hache de ses discours.*

Sapey avait alors ving-huit ans; il était, je n'ose pas dire dans toute la force, mais dans toute la grâce de la jeunesse, et depuis cette époque, les années l'ont à peine changé. Pour tracer son portrait sans effacer les lignes délicates du modèle, il faudrait une main plus légère, et je ne saurais le tenter. Mais dans ces heures solitaires où, loin des agitations vaines de la vie, nous redemandons à la mort l'image de ceux qu'elle nous a pris, qui de nous ne revoit encore ce beau front large et tranquille, ces traits si purs, cette pâleur transparente que le bleu des veines nuançait par endroits sans la colorer, ces yeux tour à tour pensifs ou curieux, souvent cernés par la souffrance, et dont un sourire plein de finesse relevait l'inexprimable douceur? Par instants, ses traits exprimaient une sorte de mélancolique ironie; par un geste qui lui était familier, il vous prenait amicalement les deux mains, et fixait sur vous son regard limpide qui semblait chercher au loin votre pensée. Alors, si simple que fût l'entretien, on se sentait pénétré de je ne sais quel trouble affectueux et triste; c'était comme cet embarras étrange que cause parfois, sans que l'on s'en puisse défendre, le regard candide des enfants.

Le barreau convient aujourd'hui moins que jamais à ces natures contemplatives et un peu repliées sur elles-mêmes; elles y ont peut-être une place, mais ce n'est pas la première. Sapey avait plus de goût pour rêver que pour agir, une sensibilité extrême, mais point de passions vives, un certain dédain des intérêts de l'heure présente et des aventures vulgaires de la vie; il avait aussi l'amour et le besoin de la perfection, qui ne lui permettaient ni de travailler vite, ni de déplacer promptement son esprit; enfin, toutes ces qualités délicates qui, au barreau, font attendre long-temps le succès, le font payer cher, et le laissent rarement aller très loin. Après une courte épreuve, il se tourna du côté de la magistrature, et c'est par un trait de vigueur que le timide jeune homme débuta dans cette carrière nouvelle.

Comme il sollicitait peu et mal, on crut qu'il accepterait tout; et par une distraction de chancellerie, on le nomma substitut dans une petite ville, à l'extrême frontière de la cour de Paris. Cet exil honorable révolta, non pas sa vanité, mais ce sentiment d'exacte justice et de dignité qui est la force invincible des âmes élevées; il refusa de partir : « Je ne suis guère ambitieux, écrivait-il à l'un de ses dignes amis, et je ne me persuade pas que quelques efforts dont je sens mieux que personne toute la faiblesse m'aient acquis le moindre titre ; mais enfin, je n'ai pas fini mon droit d'hier ; et sans être bien téméraire, sans porter bien haut mes espérances, je croyais que quatre ans de palais me vaudraient au moins de ne pas être traité comme un étudiant qui vient de passer sa thèse de licence, et envoyé précisément dans la plus petite, la plus inoccupée, et presque la plus lointaine de toutes les résidences du ressort. Bar-sur-Seine mérite toutes ces épithètes[1]. »

Il semble qu'il ne devrait y avoir aucun courage à décliner respectueusement une faveur inopportune. Dans notre pays, cependant, il faut, pour s'y hasarder, quelque chose de plus qu'une fermeté ordinaire. Aux yeux de bien des gens, le refus de Sapey passa pour une hardiesse périlleuse, et le gouvernement, en lui faisant attendre trop longtemps une nomination nouvelle, sembla vouloir venger Bar-sur-Seine des épithètes et des dédains de ce substitut réfractaire.

---

1. Lettre à M. Marie, aujourd'hui conseiller à la cour de Paris, 3 novembre 1844.

Enfin, au bout de deux ans, il fut nommé juge suppléant à Versailles, et bientôt le ministre de la justice, M. Hébert, qui avait ses raisons pour ne pas trop tenir rigueur aux caractères tranchés et aux consciences résolues, l'appelait auprès de lui comme chef de son cabinet.

Personne n'était mieux fait pour ces fonctions difficiles où la patience, le tact, l'art d'écouter avec résignation, d'accorder sans hauteur, de refuser sans dureté, sont des grâces d'état nécessaires, et où la bonté est encore le plus utile peut-être des talents.

On connaît le mot charmant de Titus : « Il faut que personne ne sorte mécontent de l'audience du prince [1]. » Les ministres ne sont pas des princes, et en 1847, si je ne me trompe, ils n'étaient même pas des Excellences ; — mais il ne tient qu'à eux, dans tous les temps, d'être sur ce point des Titus, et de mettre en usage sa maxime. Sapey avait tout ce qu'il fallait pour faire patienter les ambitions exigeantes, calmer les vanités meurtries, mêler aux reproches officiels des encouragements, et consoler par sa bienveillance les gens qu'il était contraint d'affliger par sa fermeté. Dans la mesure discrète de son influence, c'était un de ces hommes qui semblent nés tout exprès pour rendre aimable le pouvoir quand ils le veulent servir ; et il complétait ainsi très heureusement le chef

1. Non opportet quemquam a sermone principis tristem discedere.
(SUÉTONE.)

habile qui avait eu la sagacité de se l'attacher. Il
adoucissait ce qu'avait d'un peu âpre, dit-on, dans
son abord, l'homme éminent qui gouvernait alors la
magistrature d'une main ferme et juste, avec l'autorité d'un grand talent et d'un vigoureux caractère.

Bientôt, la révolution qui renversa la royauté fondée en 1830 emporta comme un grain de poussière
la fortune légère et les grandeurs naissantes du jeune
magistrat. Sapey revint au milieu de ¦nous, inquiet,
humilié, triste au spectacle de tant de ruines. Il voyait
avec douleur tomber le gouvernement qu'il servait
et qu'il aimait, des institutions viriles qui suffisaient
à la liberté, et un prince longtemps habile, dont les
vertus privées égalaient à ses yeux le patriotisme sincère. Enfin, dans tout le cours de ses chères études
dont le souvenir lui revenait sans cesse, il avait vu
grandir avec lui les fils du roi, qui par la communauté de l'éducation et des idées, par leurs talents,
leur courage et leur tournure d'esprit toute française,
étaient vraiment alors les princes de la jeunesse. Sa
raison et son cœur souffraient également; mais il
n'était pas découragé pour lui-même. Ses fonctions
perdues, son avenir et sa fortune menacés, n'étaient
que de petits accidents au milieu des malheurs de la
patrie. « Les regrets particuliers, écrivait-il, doivent
se perdre et s'effacer dans l'inquiétude générale, et
pour chacun de nous la perte de sa carrière doit être

peu de chose au milieu des événements qui compro-
mettent toutes les existences. Pour moi, lorsque j'au-
rai pris un repos qui m'est nécessaire après une année
bien occupée, et surtout après des commotions si
vives, je me ferai inscrire au tableau des avocats, et
je reprendrai, s'il plaît à Dieu, et si les événements
m'en laissent le cœur, ces petits travaux paisibles,
ces études solitaires qui ne sont plus guère de ce
siècle, mais qui conviennent à mon caractère et à la
mélancolie de mon âme[1]... »

Sapey se tint parole à lui-même. Dans ces temps
de troubles, le Palais était souvent désert, et les affaires nous laissaient de tristes loisirs. Tout en plaidant un peu, il reprit la plume ; il continua, en remontant le cours de notre histoire, des travaux commencés de longue main ; et plongé dans une solitude
laborieuse, il demanda au passé la distraction et la
consolation du présent.

Ce qu'il voyait autour de lui n'avait rien qui pût
calmer sa *mélancolie*. Après des alternatives de luttes
sanglantes et d'agitations ruineuses, interrompues
pendant quelques mois par une loyale dictature, la
république née depuis un an à peine penchait visiblement vers quelque crise mortelle. Ce n'était pas
la première fois que la nation traversait une de ces
épreuves périlleuses, et les études que Sapey pour-

---

1. Letttre à M. Marie, 22 mars 1848.

suivait alors devaient lui faire envisager sans trop
d'étonnement cet épisode nouveau de nos tragiques
aventures. Cependant, pour lui comme pour beaucoup d'autres, ce n'étaient plus là des commotions politiques ; ce n'étaient plus des idées, mais des appétits
qui faisaient le fond et le dessous de cette révolution ;
pour en trouver dans le passé quelque image, il lui
semblait qu'il fallût redescendre jusqu'aux convoitises sauvages qui précipitaient les Barbares sur le
monde romain. A ses yeux c'était la civilisation elle-
même qui périssait, et il n'espérait pas que la France
vieillie fût d'âge ni de force à la sauver avec les seules
ressources de la raison et de la liberté.

« Si la main de Dieu ne nous arrête sur la pente
de l'abîme, écrit-il au mois de mai 1849, combien
faut-il encore de temps pour que nous y tombions
complètement? Un esprit de vertige s'est emparé de
ce malheureux pays, et le pousse fatalement à sa
ruine... Le socialisme a fait d'effrayants progrès, et je
crains bien que ce peuple insensé ne puisse être guéri
de son délire qu'après avoir mis à l'épreuve ces doctrines désolantes qui ne laisseront que des ruines
après elles. Quand toutes les digues sont rompues,
qui peut arrêter le torrent? Et les digues peuvent-
elles être réparées par les mains qui les ont brisées[1]?»

Quand elle s'arrête sur notre vieux monde pour

---

1. Lettre à M. Marie, 24 mai 1849.

le perdre ou pour le sauver, « la main de Dieu, » que
l'âme religieuse de Sapey entrevoyait au-dessus de
l'abîme, ne se manifeste plus par des signes aussi
clairs qu'autrefois. Il est permis de ne pas la reconnaître toujours à ses premiers coups ; et les passions
des hommes semblent tenir une grande place dans
les changements qu'elle accomplit. Un an après, il
était facile de voir quelle serait la main mortelle qui
fermerait au moins pour un temps « ces digues brisées, qui relèverait ces ruines ; » et dans les événe-
ment politiques qui se développèrent alors sous ses
yeux, Sapey crut démêler assez distinctement pour
s'y soumettre les desseins cachés de la Providence.

L'un des torts graves de la révolution de Février
avait été de prétendre au pouvoir sans être prête à
l'exercer, de trouver assez peu de ressources en elle-
même, et, sauf des exceptions éclatantes, de n'être
guère bien servie que par des hommes qui n'étaient
pas de sa famille. République ou monarchie, sous
tous les régimes et dans tous les temps, il faut à la
magistrature des hommes doués de ce sens particu-
lier de la justice, beaucoup plus rare qu'on ne le
pense, qui va souvent avec le talent, mais que le
talent seul ne remplace pas. Dans les premiers jours,
les rangs du parquet avaient fourni aux nécessités,
aux convenances ou aux revanches de la république,
des victimes nombreuses et choisies. Mais une fois
la première rancune soulagée et les ambitions les

plus intraitables satisfaites, il se trouva que si les
places étaient toutes occupées, elles n'étaient pas
toutes remplies; et il fallut bien redemander au passé
des magistrats qui ne fussent pas seulement d'anciens
amis de la maison.

On fit à Sapey des avances honorables. Il s'y refusa, tant qu'il pensa que la transformation politique
du pays amènerait dans l'organisation de la justice de
profonds changements. Mais dès qu'il cessa de le craindre, dès qu'il reconnut que l'exercice des fonctions
publiques ne demandait plus que du talent et du courage, il accepta celles qui lui étaient offertes, et,
en 1850, il fut nommé substitut à Versailles. Peu de
temps après, il épousa une femme digne de lui, et en
s'alliant à une famille honorable, sans s'éloigner de sa
mère et de sa sœur bien-aimées, il trouva ce bonheur
intime qu'il méritait si bien, et que la mort a sitôt
brisé.

Poussé par son mérite, par ses services, par des
succès d'audience qui commençaient à signaler son
nom au public, Sapey devait avancer rapidement. En
1852, il était nommé substitut au tribunal de la Seine,
et bientôt après appelé à la première chambre, c'est-
à-dire sur la scène la plus brillante et la plus dangereuse qui puisse effrayer le zèle d'un magistrat ou
tenter son ambition.

La première chambre est à peu près pour le tribunal ce qu'était pour le parlement la grand'cham-

bre. C'est là que se plaident les grandes affaires, celles
que leur importance, ou quelque autre intérêt puissant, recommandent de plus près à l'attention du
juge. C'est là aussi que viennent le prendre à l'im-
proviste ces brusques incidents nés à toute heure du
mouvement rapide et des hasards compliqués de la
vie. Grands procès, difficultés de pratique, mesures
d'urgence, il faut que l'organe du ministère public
soit près, sur tout, à toute heure. Une science sûre,
un coup d'œil prompt, le sens juste des affaires, un
esprit qui puisse descendre et s'élever sans effort,
toucher d'un côté à la procédure, de l'autre à l'éloquence : telles sont les qualités diverses, souvent
contraires, qu'il y doit montrer; tout le mérite d'un
avocat qui en aurait beaucoup, avec une difficulté de
plus, — prendre un parti sur l'heure et choisir sa cause
à l'instant.

Pour un esprit curieux et lettré comme celui de
Sapey, la barre de la première chambre présentait, à
cette époque, un spectacle digne d'attention. La révolution du deux décembre, qui ne se piquait pas de
ressembler à d'autres, avait rendu au Palais plus
d'avocats qu'elle ne lui en avait empruntés. Chaque
jour on voyait revenir les réfugiés de la politique,
des confrères qui, sortis de nos rangs, y rentraient
avec une satisfaction plus ou moins sincère, nous ap-
portant dans les plis de leur robe, avec quelques formules de bienséance parlementaire assez nouvelles

parmi nous, une éloquence agrandie par les luttes de
la tribune, et des exemples magnifiques de ce que
gagne la parole de l'homme quand elle se mêle aux
orages de la liberté.

On voyait arriver aussi peu à peu ces hommes distingués que le suffrage universel avait été chercher
naguère à la tête des barreaux de province pour les
jeter dans les assemblées républicaines, et qui maintenant, dépaysés par une assez longue absence, sachant
bien à quoi s'en tenir sur les retours de la faveur populaire, et très peu sûrs de retrouver dans les élec-
teurs de la veille les clients du lendemain, venaient
tenter de conquérir au barreau de Paris une place
qu'ils n'étaient pas certains de reprendre ailleurs.
Ce n'étaient pas précisément pour nous des étrangers, mais comme des *Latins* qui venaient demander à Rome leur droit de cité. Beaucoup d'entre eux apportaient parmi nous des habitudes différentes des nôtres, de très fortes études juridiques,
une intelligence merveilleuse des affaires, des talents
fortement trempés, frottés de procédure et de coutumes, enfin une éloquence robuste et sûre d'elle-
même, qu'une grande célébrité de terroir et l'admiration patriotique du prétoire natal encourageaient à
quelque prolixité. Çà et là, on entendait des idiotis-
mes indigènes qui tranchaient au vif sur le fond un
peu terne et banal des élégances parisiennes, — ce
que Cicéron aurait appelé *infusa peregrinitas*. Le

flot est passé maintenant, et il n'en est resté que le
meilleur, cette alluvion bienfaisante qui rajeunit et
fertilise les vieilles terres. Mais alors on pouvait craindre que cette irruption provinciale ne laissât chez
nous une trop forte empreinte ; et au milieu de ces
courants confus par lesquels notre vieille langue judiciaire semblait remonter vers ses sources vives et
ses affluents généreux, Sapey avec sa parole toujours
pure, sa diction un peu étudiée et son style académique, représentait bien la règle, la mesure, l'harmonie, la langue française enfin, polie par les siècles,
arrivée à sa perfection, et par ses raffinements mêmes
faisant songer de loin à la décadence.

En 1856, il entra comme substitut au parquet de
la cour. C'est là que pendant six années, — hélas !
les dernières années de sa jeunesse et de sa vie, —
nous l'avons entendu presque chaque jour, chaque
jour supérieur à lui-même, chaque jour faisant quelque conquête nouvelle sur son talent, quelque progrès tranquille dans l'admiration affectueuse de la
magistrature et du barreau.

Au tribunal, il avait traversé vaillamment le courant tumultueux des affaires, qui devait parfois l'é-
tourdir un peu. A la cour, il respirait plus à l'aise ; il
voyait de plus haut et de plus loin. Sur ce grave et
vaste théâtre, son mérite pouvait se développer tout
entier, et nul ne concourut avec plus d'ardeur à cette

œuvre difficile et quelquefois méconnue que la cour
de Paris accomplit.

Il se peut qu'ailleurs le droit français garde plus
vive l'empreinte de ses vieilles origines ; que dans
quelques contrées, la tradition, les mœurs, les préjugés même des populations qui les entourent, fas-
sent descendre plus avant dans la conscience des
magistrats l'antique génie des Pandectes ou des coutumes. Il se peut que la solitude et les loisirs silencieux de la vie de province prêtent à leurs méditations quelque chose de plus austère, et à leurs arrêts
un plus grand air d'autorité. Mais à Paris, les nécessités et les devoirs de la justice ne sont pas les mêmes.
Elle n'a plus seulement à juger ce fonds éternel d'inévitables querelles qu'enfantent les passions immuables des hommes. Placée au cœur de la France, dans
ce foyer de vie et de lumière que mille causes diverses,
que les désertions mêmes et les défaillances dangereuses de nos provinces agrandissent tous les jours,
la cour de Paris doit, sans relâche, à travers un dédale
de lois hâtives et confuses qui laissent à la sagacité
du juge une redoutable liberté, *dire le droit* sur une
multitude de questions neuves, inconnues autrefois,
qui aujourd'hui ne naissent qu'auprès d'elle et jusqu'à présent ne sollicitent guère que d'elle des arrêts.

Sapey, malgré ses pieux retours vers la tradition
et vers le passé, comprenait mieux que personne ces
nécessités ; et par des réquisitoires pleins de science,

d'élévation et d'heureux mouvements, il a préparé plus d'une fois cette jurisprudence large, libérale, humaine, pour laquelle la cour de Paris a droit à la reconnaissance du pays tout entier[1].

Il improvisait sans effort, sur un fonds très solide de connaissances abondantes, avec toutes les ressources que donnent l'habitude et le goût d'écrire. Sa parole était si élégante que quelquefois elle l'était un peu trop peut-être, et qu'à de certains endroits les anciens se prenaient à sourire en croyant entendre encore le spirituel M. Berville. Son débit était caressant, pathétique, inclinant par instant à l'homélie : «Voilà Sapey qui prêche, » disions-nous tout bas. — Mais il avait ces qualités oratoires que dans un magistrat rien ne remplace et qui sont sa vraie éloquence, la dignité sans dédain, l'élévation sans emphase, l'accent profondément honnête, et sans le feu de la passion, la chaleur d'une émotion vive.

Sapey n'a été chargé, je crois, d'aucun procès politique, et je doute qu'il l'ait jamais regretté. Il y aurait apporté cette indépendance calme et simple, qu'il serait malséant de louer chez un tel homme, et qui n'était que le tempérament lui-même de son âme. Mais il y avait des affaires qui, si je puis ainsi parler,

---

1. « Sapey avait surtout un mérite bien précieux pour ses collaborateurs. Il ne se contentait pas de traiter les questions qui convenaient le mieux à l'élévation de son esprit : il savait s'abaisser jusqu'aux moindres détails, et rien ne lui paraissait à dédaigner pour accomplir l'œuvre de la justice. » (Lettre de M. le président Cazenave, 7 décembre 1865.)

n'étaient pas bien dans sa voix, et qui, en la forçant, lui auraient fait perdre quelque chose de sa justesse et de son charme :

« Il était né d'une fort doulce nature, et quasi non susceptible de passions, de sorte que s'il eust entrepris une grande et véhémente action, ou s'il eust fallu déployer les maîtresses voiles de l'éloquence, j'ay opinion qu'il ne lui eust pas réussi [1]. » En empruntant à Sapey lui-même ce trait que Guillaume Duvair applique à l'un des esprits les plus brillants du seizième siècle, j'espère ne rien laisser entendre qui puisse paraître blessant pour sa mémoire.

Il approchait de quarante ans. Il arrivait ainsi à ces années fécondes où commence seulement, pour les natures délicates et défiantes d'elles-mêmes, la pleine maturité de la vie. Par un rapprochement qu'il a dû faire, c'est à l'âge où son cher Jean-Jacques publiait ses premiers écrits, que lui-même, pour la première fois, il donnait à ses travaux littéraires une direction sérieuse et suivie. Tout l'y conviait d'ailleurs, et en voyant autour de lui, dans les rangs du parquet ou sur les sièges de la cour, tant d'émules distingués partagés entre le soin des affaires et l'étude des lettres, il devait croire plus fermement que jamais

---

1. Portrait du président Brisson. Voir l'*Etude de Sapey* sur Guillaume Duvair. p. 170.

à cette bienheureuse *alliance* qu'avait rêvée sa jeunesse.

Plus de dix années auparavant, il avait publié une
notice sur Guillaume Duvair, il la refit complètement
pour la rattacher à une série de travaux dont il avait
conçu le projet, et qu'il aurait appelée : « l'histoire
des parlementaires [1]. »

Le sujet qu'il avait choisi était à plus d'un titre
digne d'étude. Tour à tour conseiller au parlement
de Paris pendant la Ligue, premier président du parlement de Provence et ambassadeur sous Henri IV;
deux fois garde des sceaux sous Louis XIII, prêtre
tout juste assez pour devenir évêque et pour passer
commodément dans une abbaye les intervalles de ses
grandeurs, Duvair fut un citoyen courageux, un grand
magistrat, un écrivain de premier ordre, et un ministre médiocre. Pendant la Ligue, après quelques
hésitations faciles à justifier, il joua sa vie dans les
carrefours de Paris avec cette intrépidité bourgeoise
que les hommes de notre temps doivent avoir appris
à respecter. Au Palais, bravant la fureur de Mayenne
sur les bancs mêmes d'où la populace avait arraché
naguère Brisson et Larcher, il tira hardiment de la
poudre du greffe, comme une machine de guerre
oubliée, notre vieille loi salique qui, ce jour-là,
sauva le royaume et fit Henri IV roi de France.

---

1. *Études biographiques pour servir à l'histoire de l'ancienne magistrature française*, par C.-A. Sapey. Amyot, 1858.

Vingt ans après, Marie de Médicis avait besoin d'un honnête homme sur lequel la France pût reposer ses yeux des scandales florentins de la cour où Concini régnait en maître. Duvair, à son corps défendant, fut nommé garde des sceaux. Mais déjà c'était un homme de l'ancien temps, vêtu à la mode du roi Henri, et attardé dans ce monde nouveau. Il y apportait cet esprit formaliste et cette morale scrupuleuse qui réussit rarement dans le gouvernement des États. Fourvoyé au milieu de ces intrigues sanglantes, il n'eut pas l'audace de sa vertu. Au lieu de se retirer fièrement devant la fortune naissante de Richelieu, il tâtonna, se fit renvoyer et se laissa reprendre. Autant qu'on en peut juger à cette distance, c'était un de ces hommes honnêtes qu'un politique habile prend avec lui pour masquer de leur bonne renommée ses projets suspects, qu'il ménage jusqu'à la veille du coup d'État, et qu'il congédie au point du jour.

Sapey, l'un des premiers, a mis la main, une main intelligente et heureuse, sur les documents inédits qui éclairent cette grave figure. Je suis trop ignorant pour bien parler de ces trouvailles savantes, et pour fixer les rangs entre les érudits qui s'en disputent les prémices. Mais ce qui me paraît appartenir à lui seul c'est l'honneur d'avoir fait vivre et parler ces vieux témoins. L'histoire, qui a ses injustices ou ses distractions, avait laissé Duvair dans l'oubli. Son nom ne

servait guère qu'à grossir la liste de ces parlementaires et de ces politiques perdus dans le cortège de
L'Hospital et de Mathieu Molé, auxquels s'attache un
vague souvenir de patriotisme et de courage, mais que
l'on ne songe pas à envisager à part et de près. Sapey
a rendu à celui-ci la place que lui assignent ses talents, ses vertus, et la grande part qu'il a prise dans
le salut de la patrie. Il l'a mis dans son vrai jour, il
l'a jugé sans complaisance, il l'a loué sans excès, avec
cette précision de détails, cette abondance de rensei-
gnements, cette passion d'exactitude et de certitude
qui est le caractère et l'honneur de la critique de
notre temps. Au mâle contact de l'histoire, à la lecture de ces vieux manuscrits, son style devient plus
ferme et plus simple. Il y reste bien, par endroits,
certaines élégances convenues, des phrases balancées
avec trop d'art, quelques-uns de ces parallèles symétriques où se complaisait au siècle dernier l'éloquence
académique de Thomas ; mais ce sont là des taches
légères, qui n'altèrent pas sensiblement la couleur
sévère du tableau.

A mes yeux, la partie vraiment neuve et supérieure
de cet écrit, c'est celle où, quittant le magistrat et
le ministre, Sapey étudie dans Guillaume Duvair le
philosophe, l'orateur, l'écrivain, et du même coup
« cette littérature des parlementaires, à la fois austère
et enjouée, profondément empreinte de l'esprit français, à laquelle sans doute a manqué le génie, mais

non pas la dignité ni la grâce [1] ». On le voit, mûri
par l'âge et par l'étude, Sapey ne s'en tient plus à des
banalités juvéniles sur l'alliance des lettres et du barreau ; et en indiquant par un mot juste ce qui manque
à ces nobles esprits, il fait voir lui-même ce qu'il y
avait de trop dans les louanges qu'il leur donnait
autrefois.

Une étude sur Antoine Lemaistre suit la biogra-
phie de Guillaume Duvair [2]. Mais les dates et l'ordre
des temps rapprochent seuls ces deux existences ; il
serait difficile, en effet, d'imaginer deux natures et
deux destinées plus différentes.

Lemaistre, né dans l'une des plus vieilles familles
de la bourgeoisie de Paris, était le petit-fils d'Antoine
Arnaud qui, sous Henri IV, passait pour le plus célèbre avocat du royaume. Il appartenait ainsi à cette
race étrange et forte des Arnaud qui, pendant plus
d'un siècle, a eu sa place à part dans notre histoire,
ou plutôt qui a eu elle-même, comme une nation,
son histoire, ses mœurs, sa langue, son génie et sa
foi.

1. *Etude sur G. Duvair.*
2. Ces deux ouvrages ont inspiré à M. le conseiller O. Pinard un des
chapitres les plus ingénieux de son beau livre, *le Barreau au XIXᵉ siècle.*
Voir aussi sur ces ouvrages de Sapey, un article de M. Ch. Jourdain,
Revue contemporaine du 31 juillet 1858, et un article de M. Léon Feu-
gère, *Revue encyclopédique*, avril 1847.

Avant la naissance de Lemaistre, ses tantes Angélique et Agnès avaient pris le voile dans l'antique
couvent de Port–Royal des Champs. Quelques années
après, son aïeule et sa mère les y allèrent rejoindre.
Quatre femmes ouvrirent ainsi cette marche pieuse et
bizarre qui bientôt entraîna la famille tout entière,
et plus tard cette foule de pénitents illustres et de
belles pécheresses qui venaient offrir à Dieu les
restes de leur gloire, de leur ambition ou de leurs
amours.

A vingt ans, Lemaistre était avocat, et dès son début il n'avait plus de rivaux.

A vingt-neuf ans sa gloire était à son comble.
Quand il plaidait, les courtisans se pressaient à la
grand'chambre, et le soir, l'hôtel de Rambouillet re-
tentissait de ses louanges. Le chancelier Séguier lui
envoyait des brevets d'avocat général et de conseiller
d'État; et « le grand Balzac, dont les lettres dispen-
saient la renommée, le comparait à Périclès [1]. »

Jeune, riche, célèbre, il ne lui manquait plus que
d'être heureux. Il voulut épouser une jeune fille sage
et de bonne maison. Dans une autre famille, personne
n'aurait vu là, sans doute, une témérité scandaleuse;
mais chez les Arnaud, c'était différent. A qui Lemaistre pouvait-il confier son dessein? Son aïeul était
mort; son père était un homme vulgaire, vivant seul,

1. Sapey, *Etude sur Lemaistre.*

vicieux, et, qui pis est, hérétique. Sa famille, c'étaient
son aïeule, sa mère, ses tantes, tout Port-Royal enfin.
« Mais Port-Royal était devenu de plus en plus austère. La doctrine impitoyable du jansénisme s'y était
réfugiée comme dans une forteresse. Dans ces lieux
où avait passé en souriant la douce et vénérable
image de François de Salles, apparaissait alors la
sombre figure de Saint-Cyran. Quand Lemaistre était
admis à la grille du parloir, on ne faisait retentir que
des paroles de pénitence à ses oreilles encore remplies des applaudissements du monde ; chaque fois que
le récit d'un de ses succès pénétrait les murs du
cloître, un concert de prières s'élevait au ciel pour
cette âme en péril [1]. »

Lemaistre se décide pourtant à découvrir son projet. Parmi toutes ces femmes saintement endurcies,
il cherche la moins farouche ; il écrit à la mère Agnès
et lui ouvre son cœur. On connaît la réponse, cette
lettre célèbre citée tant de fois :

« Mon très cher neveu, ce sera la dernière fois que
je me servirai de ce titre : autant que vous m'avez
été cher, vous me serez indifférent, n'y ayant plus de
reprise en vous pour y fonder une amitié qui soit
singulière. Je vous aimerai dans la charité chrétienne, mais universelle, et comme vous serez dans
une condition fort commune, je serai pour vous aussi

1. Sapey, *Etude sur Lemaistre.*

dans une affection fort ordinaire. Vous voulez devenir
esclave, et après cela rester roi dans mon cœur; cela
n'est pas possible[1]. »

A cette dure réponse, Lemaistre hésite; il insiste,
il raisonne, il supplie; mais son éloquence mondaine
se brise contre ces volontés inflexibles, contre cette
ténacité de femme et de moine. Alors les enseignements, les exemples, les terreurs de sa pieuse enfance le viennent assaillir; le vertige le prend à son
tour, et il se sent emporté dans cette folie des Arnaud
qui, à travers les siècles fait revivre en ces âmes ardentes la sainte folie de la croix. Un hasard, que plus
tard il appellera un miracle, le met, au chevet d'un
lit de mort, face à face avec Saint-Cyran. D'un regard
il est vaincu; mais du moins le voilà tranquille. Lentement, simplement, sans que rien trahisse en lui un
effort ou un regret, il met en ordre ses affaires; il
rend au monde les derniers soins que le monde lui
demande, il délie une à une toutes les chaînes qui le
retiennent; puis, libre enfin, à trente ans, il va s'en-
sevelir dans la solitude pour expier par des péniten-
ces implacables sa jeunesse innocente, sa pure renommée, et le scandale de n'avoir été jusque-là qu'un
homme de bien.

Telle est la vie étrange que Sapey a racontée.
Cette fois, il ne s'agissait ni d'une découverte im-

1. Sapey, *Etude sur Lemaistre.*

prévue, ni d'une réparation pieuse envers une mémoire dédaignée. Port-Royal, ses luttes, sa grandeur et sa ruine, sont un des épisodes les plus curieux et les plus connus de l'histoire de l'esprit humain. Jamais solitaires n'ont fait plus de bruit et n'ont tenu plus de place dans le monde. De nos jours, encore, de grands écrivains ont porté de ce côté leurs études ingénieuses et profondes; et dans le tableau que M. Sainte-Beuve a tracé de cette communauté célèbre, il a consacré quelques pages à Lemaistre. Enfin, par une assez piquante rencontre, au moment même où Sapey terminait son travail, à côté de lui M. l'avocat général de Vallée publiait un essai sur l'éloquence judiciaire au dix-septième siècle, et faisait d'Antoine Lemaistre le sujet principal de ce brillant écrit.

Je n'ai pas le goût des parallèles littéraires, et celui-ci d'ailleurs aurait pour moi plus d'un danger. Entre ces écrivains distingués, des deux côtés à la fois une vieille amitié pourrait gêner ma franchise; ou plutôt, à dire vrai, j'aurais peur que le souvenir de celui des deux qui n'est plus ne m'entraînât à quelque partialité pieuse pour sa mémoire. Dans les deux ouvrages d'ailleurs, presque tout diffère, la pensée, le but et la forme. Ce que M. de Vallée étudie surtout chez Lemaistre, c'est l'éloquence d'un temps dans lequel il a lui-même beaucoup vécu, d'où il semble arrivé depuis peu, et où il retourne souvent. Orateur

éminent, pour juger Lemaistre, il l'écoute plutôt qu'il
ne le lit. Sous l'emphase du style et à travers de sensibles défauts, il retrouve aisément l'émotion de la parole vivante. Il est vraiment à l'audience, entre Balzac et Voiture ; comme eux, il se laisse toucher ; il
admire, il applaudit avec eux. Il leur répète un beau
passage de la plaidoirie en sortant de la lanterne de
la grand'chambre. Et plus tard, quand il vient à parler de Port-Royal et des atroces austérités de Lemaistre, il le fait encore comme un lettré de ce
temps-là qui nous raconterait ses souvenirs, — dans
le style héroïque du *Cid,* avec cette ampleur corné-
lienne qui répand sur tout un air de gloire.

Ce qui attire Sapey, au contraire, et ce qui le retient auprès de Lemaistre, c'est bien moins sa parole
que son silence. Il essaye, de bonne foi, d'admirer ces
plaidoyers tant vantés. Il se dit tout ce qu'il se faut
dire sur les mécomptes inévitables de la parole et sur
ce qu'en emporte le temps. Il se répète que nous-
mêmes, quand nous cherchons le lendemain, dans les
plaidoiries de nos maîtres, les émotions qui la veille
nous charmaient à les entendre, c'est à peine si nous
en pouvons ressaisir quelques traces. Mais on voit
bien que ses efforts sont inutiles. Chaque fois qu'il
revient à ces vieux discours, le goût délicat du littéra-
teur arrête sur ses lèvres la louange. Racine a passé
par là avec les *Plaideurs*, et dans la mémoire inexorable de Sapey, les rimes moqueuses de Petit-Jean

achèvent malgré lui les périodes solennelles de Lemaistre.

Avec le solitaire et le pénitent, il se sent plus à l'aise ; non pas que son esprit modéré comprenne sans effort cette abdication soudaine des succès les plus légitimes, et cette furie de pénitence qui s'empare tout à coup d'une âme innocente. Il y a là une bizarrerie mystique, une intempérance de sainteté qui inquiète à bon droit sa raison. Mais il en parle avec simplicité et avec respect. Après Sainte-Beuve, après M. de Vallée, après tant d'autres, et sans ressembler à personne, il nous intéresse encore à Lemaistre et à ses austères compagnons. Il les comprend et les dépeint mieux peut-être, parce que son caractère et sa foi les unissent à lui par des affinités plus intimes et comme par une entente plus familière.

Port-Royal, à ses yeux, n'est pas seulement une Thébaïde paisible où, dans ces temps de troubles, le dégoût et l'ennui de vivre jettent des intelligences rêveuses et des âmes tendres. C'est la dernière des *places de sûreté* où, fuyant la main pesante de Richelieu, l'esprit du xvie siècle est venu chercher un asile. C'est cet esprit de libre examen, d'opposition et de réforme qui prête au sombre Saint-Cyran je ne sais quel air de famille avec Calvin ; c'est lui qui mène jusqu'à l'hérésie la foi raisonneuse et le génie querelleur du grand Arnaud ; c'est lui qui jaillit en traits

immortels sous la plume de Pascal. Lemaistre lui-
même, abîmé dans sa pénitence, relève parfois la têtc
à ce souffle de liberté. Le cardinal, qui n'aimait pas
les petites Églises et qui venait de faire cesser comme
l'on sait les extases des religieuses de Loudun, envoie
un jour à Port-Royal Laubardemont. « Vous avez des
« visions? » dit-il à Lemaistre d'un air de compassion
sinistre. « Oui-da, monsieur, répond l'ermite : quand
« j'ouvre cette fenêtre, je vois le village de Vaumu-
« rier ; et quand j'ouvre celle-ci, jc vois celui de
« Saint-Lambert [1]... »

Sapey a bien senti, bien décrit cette vie intérieure
de Port-Royal, et les feux mal éteints qui couvaient
sous cette cendre. Quoiqu'il s'en défende, il écrit un
pcu cette histoire avec la ferveur d'un moine qui écrit
l'histoire de son couvent. Quiconque y touchera désormais devra beaucoup à ses ingénieuses recherches.
Dans cet ouvrage, enfin, il se dégage de plus en plus
des réminiscences de style, des phrases toutes faites
qui encombraient sa mémoire et pesaient quelquefois
sur son talent. Il sent ce qu'il vaut, ce qu'il peut de
son chef, et en maint endroit il se décide à être lui-
même, c'est-à-dire un très bon écrivain, à sa façon
et pour son compte [2].

En 1862, Sapey fut chargé par M. le procureur

1. Sapey, *Etude sur Lemaistre*. — De Vallée, *Éloquence au*
XVII* *siecle*.
2. Sapey venait d'être nommé avocat général.

général Chaix d'Est-Ange de prononcer le discours d'usage à l'audience de rentrée de la cour.

Il y a parmi nous des esprits impatients, des fanfarons d'activité qui croient tout perdu si l'on dérobe une heure aux procès pour penser à la Justice, et pour qui ces harangues solennelles sont une insupportable souffrance. Quant à moi, je le confesse sans détours, j'aime cette littérature de tradition, un peu cérémonieuse et toute française. L'esprit de l'homme est oublieux. L'habitude de juger et de voir juger chaque jour peut affaiblir à la longue, dans les consciences les plus honnêtes, le sentiment absolu de la justice. Il est bon de revenir quelquefois à cet idéal austère, et d'en remettre sous nos yeux la parfaite image. Rappeler à la magistrature et au barreau leur histoire, les exemples qu'ils ont reçus et ceux qu'ils doivent laisser, recommander aux juges l'humanité, la modération et l'indépendance, aux avocats la prudence et la dignité, ce ne sont en aucun temps, même dans le nôtre, des discours inutiles, et ils ne sont guère importuns qu'à ceux qui auraient le plus souvent besoin de les entendre.

On reproche quelquefois à ces harangues difficiles une hauteur de pensée trop soutenue, une élégance un peu tendue et une certaine recherche de style. On a souvent raison; mais soyons justes. Au Palais, nous sommes exposés chaque jour à commettre contre la vieille langue maternelle de trop sensibles offenses,

pour ne pas souffrir du moins qu'une fois l'an on lui
offre chez nous, avec quelque pompe, une réparation
publique pour le passé, et une amende honorable pour
l'avenir.

Sapey pouvait, mieux que personne, donner de ce
côté le conseil et l'exemple; mais il avait à craindre
un danger que des hommes de grand talent n'ont pas
toujours évité, et auquel son esprit bienveillant l'ex-
posait plus que tout autre : c'était de faire entendre
à ses auditeurs plus de compliments que de leçons.

Il se tira d'affaire comme on le fait souvent, en tra-
çant le portrait de quelques grands magistrats d'autrefois, et en laissant à ceux d'aujourd'hui la liberté de
s'y reconnaître. Il détacha quelques pages de ses travaux commencés; et comme il avait écrit la vie de
Duvair et de Lemaistre, il raconta l'histoire de Sé-
guie. Plus tard sans doute il aurait développé cette
étude, en la dégageant de la forme et des convenances
étroites d'un discours officiel. Mais tel qu'il est, le
discours est excellent, l'un des meilleurs qu'ait pro-
duits la littérature solennelle des mercuriales, et l'un
de ceux qu'elle peut citer avec orgueil pour sa défense.

Je regrette que dans ce livre d'or d'une noble famille
judiciaire, Sapey n'ait consacré que quelques lignes
un peu vagues au premier président Séguier, que
notre génération a connu, et devant qui, dans sa jeunesse, il avait quelquefois plaidé. Il aurait été curieux

d'entendre le doux orateur parler de ce magistrat impétueux, dans cette chambre même où il a siégé si
longtemps, où ni la science, ni le talent, ni la fine
gravité de ses illustres successeurs, n'ont pu le faire
oublier tout à fait, et où il était si vivant, que son
ombre inquiète semble encore de temps en temps y
revenir en murmurant des arrêts. C'était un portrait
qui, à cette place, avait ses dangers, mais qui devait
tenter le talent d'un peintre si habile. Sapey avait la
main assez délicate pour le bien faire ; il est fâcheux
qu'il n'ait pas eu l'esprit assez résolu pour l'entreprendre.

J'en dirai autant de la notice sur le président Debelleyme, qu'il a publiée peu de temps après. La sûreté
de main, la sobriété, la concision, avec lesquelles elle
est écrite vont bien à l'histoire de ce magistrat actif
qu'on a pu appeler un jour, avec une heureuse hardiesse, le *Dictateur des référés*. Sapey nous montre, tel
que nous l'avons connu, l'homme du monde, l'homme
d'esprit, l'homme de talent et l'administrateur sans
rival. Mais pour le Palais, il aurait fallu quelque chose
de plus. M. Debelleyme, à l'audience, valait la peine
d'être observé de près et jugé avec soin. Il a été le chef
d'une école expéditive qui pourrait faire courir à la
justice de grands dangers, si les disciples venaient un
jour à ne point avoir la sagacité rapide et le génie des
affaires qui étaient l'excuse du maître. C'était, à sa
manière, un président Séguier très supérieur et très

maître de lui, poli, aimable, n'interrompant jamais
avec humeur les plaidoiries, mais demandant grâce
d'un air si spirituel, avec un geste si rassurant et un
sourire si plein de promesses, qu'il eût été vraiment
inhumain d'y résister. Il adressait aux deux avocats
tour à tour des signes d'intelligence si obligeants, que,
se voyant compris à demi-mot, ils s'asseyaient à moitié route, et que par une illusion bien agréable, le
procès semblait gagné certainement des deux côtés à
la fois... le lendemain on en avait toute la surprise.

Pourquoi Sapey n'a-t-il pas relevé ces traits si connus, avec la grâce et la nouveauté qu'il y aurait su
mettre? Pour les mieux faire ressortir, il aurait trouvé
assez aisément un contraste que lui seul peut-être
pouvait indiquer, sans paraître blesser ni flatter personne. Il n'avait qu'à peindre, d'inspiration ou de souvenir, un magistrat qui, très prompt à tout comprendre, se ferait cependant une loi de tout écouter, et
qui, sorti des premiers rangs du barreau pour occuper le siège de M. Debelleyme, semblerait se rappeler sans cesse le temps où il avait l'honneur difficile
de plaider devant lui.

Mais je cherche des défauts dans les ouvrages de
Sapey, quelques taches légères dans son talent, quand
je ne devrais songer qu'à louer sa force d'esprit et
son courage. La notice sur M. Debelleyme est le dernier écrit qui soit tombé de sa plume ; en l'achevant,

il luttait déjà contre le mal qui devait quelques mois
après l'emporter. C'était une faiblesse incurable, une
langueur mortelle à laquelle se mêlaient d'insuppor-
tables souffrances. Bien que Dieu lui eût mesuré d'une
main paternelle les fatigues et les épreuves de ce
monde ; bien qu'il n'eût connu ni les soucis vulgaires
qui usent le cœur, ni les passions violentes qui le dé-
chirent, le seul effort de vivre avait épuisé sa frêle
nature. Chaque jour on voyait empreinte plus profondément sur ses traits cette mélancolie prophétique des
hommes qui doivent mourir avant le temps. Mais la
flamme voilée qui veillait dans ce corps fragile résis-
tait à toutes les secousses. Il alla jusqu'au bout de
ses forces, toujours luttant, espérant toujours, donnant au devoir chacune des courtes trêves que la mort
semblait lui laisser. Il ne la croyait pas d'ailleurs si
près de lui ; et quand des avertissements pieux lui
firent comprendre que son heûre était venue, il s'é-
tonna « *que ce fût sitôt* ». Puis, avec sa coutumière
douceur, il régla ses derniers instants comme il avait
réglé toute sa vie. Il ne brava pas la mort avec la dure
intrépidité du philosophe qui soutient contre la destinée son orgueilleuse gageure. Il l'accueillit avec cette
tristesse tranquille, mêlée d'espérance et de crainte,
qui, dans ce grand adieu, suffit à la dignité de l'homme
et convient mieux à sa faiblesse. Catholique fidèle, il
rendit à Dieu son âme pure, fortifiée par les secours
et par les promesses de sa foi. Il réunit dans un der-

nier souvenir ceux qu'il avait ici-bas le plus tendre-
ment aimés ; et, laissant tomber sur ce monde qu'il
quittait si jeune un regard de regret, il cessa de souffrir et de vivre.

On lira les paroles touchantes que le procureur
général Cordoën a prononcées sur sa tombe. En quelques mots pleins d'élévation, et d'une justesse singulière, il a peint ce caractère ferme et doux qu'il était
digne de comprendre ; et lorsque peu de mois après il
succombait à son tour, entouré d'unanimes respects,
ce fut son honneur que dans le portrait qu'il avait tracé
de Sapey chacun pût le reconnaître lui-même. Un peu
plus tard, dans un discours qui restera parmi nous
comme un pieux souvenir, M. Dupré-Lasale a fait
couler bien des larmes en parlant avec une exquise
tendresse du collègue regretté dont il partageait les
goûts, les travaux et les succès, et dont le talent avait
avec le sien plus d'un trait de ressemblance fraternelle.

Pour moi, qui viens si longtemps et si loin après
eux parler de l'homme excellent qu'ils ont loué, je
serais heureux si ces lignes imparfaites pouvaient,
quelques instants encore, prolonger au milieu de nous
son souvenir. Je l'ai peint comme je l'ai vu, sans exagération, sans flatterie, avec plus de sévérité que d'in-
dulgence, comme il aurait voulu lui-même être jugé,
s'il avait pu souffrir la pensée qu'un jour on porterait

de lui ce témoignage. Quand on considère, à la distance où nous sommes, cette existence si simple, ce qui s'en dégage et survit, c'est un sentiment général de douceur, de distinction, de bonne grâce; une harmonie fine et tranquille de nuances discrètes. Quelques juges sévères trouvaient dans la sérénité bienveillante de Sapey quelque chose d'un peu banal et comme effacé. Mais au fond il n'en était rien. Ce qu'il y a de banal dans l'homme, ce sont ses engouements passagers, ses vices et ses fautes. Que chacun de nous descende en lui-même... il reconnaîtra ce qui séparait du vulgaire ce talent rebelle aux nouveautés, cette âme absolument exempte d'orgueil, et ce cœur plein de tendresse, que les passions n'ont jamais troublé. Telle fut l'originalité paisible de cette heureuse nature. A vingt ans on peut rêver une vie plus agitée que celle de Charles Sapey, de plus singulières aventures et une célébrité plus bruyante. Mais quand l'âge a dissipé les chimères de la jeunesse, quand on a vu de près les misères serviles de l'ambition, les extases de l'orgueil satisfait, et ce que coûtent ces grandeurs d'un jour dont les petites âmes sont toutes remplies, on se détourne avec respect vers ces hommes intelligents et modestes pour lesquels les affaires et les honneurs ne sont point toute la vie, qui attendent le succès sans forcer la main à la fortune, et, tenant pour ce qu'elles valent ses faveurs, ont au dedans d'eux-mêmes des retraites impénétrables à ses caprices. Le

vulgaire les dédaigne parfois et les raille. Il les appelle,
suivant les temps, des philosophes, des rêveurs,
quelquefois même des poètes. La conscience publique
les appelle des hommes de bien, et il n'est pas rare
que, par un juste retour, elle achève après leur mort
ce qui, de leur vivant, manquait encore à leur
renommée.

EDMOND ROUSSE.

Avril 1866.

DISCOURS

PRONONCÉ PAR M. CORDOEN, PROCUREUR GÉNÉRAL

SUR LA TOMBE

DE M. L'AVOCAT GÉNÉRAL SAPEY

LE 29 JUILLET 1863

MESSIEURS,

Une tombe entr'ouverte est un triste et solennel spectacle; il n'est pas un cœur dans lequel il ne réveille de secrètes douleurs, et, au moment où la terre se referme sur une chère et noble dépouille, l'âme la plus insouciante se sent rappelée vers les éternelles vérités et les divines espérances.

Celui que nous conduisons aujourd'hui à sa dernière demeure n'avait point livré sa vie à de vulgaires et de frivoles jouissances. Il avait placé haut son but, chaque jour l'en rapprochait; les joies de la famille, les satisfactions du travail étaient son unique plaisir;

il n'avait d'autre passion que l'accomplissement du devoir, et, quand Dieu l'a rappelé à lui, il n'avait rien à désavouer en face de la mort.

Quel exemple, Messieurs, pour les plus vieux d'entre nous aussi bien que pour les plus jeunes ! Je n'ai point à craindre que vous me reprochiez, en face de cette tombe, l'exagération de la louange, car votre pensée devance la mienne, et je manquerais à un devoir si je n'étais ici l'organe de vos sympathies, de vos émotions et de vos regrets. Charles Sapey réunissait dans un exquis mélange la grâce de l'esprit et les délicatesses du cœur qui attirent et qui charment les hommes, et jamais il n'y eut un plus ferme esprit dans une âme plus douce.

Quand il traçait avec l'élégance qui lui était propre le portrait des grands magistrats d'autrefois, nos modèles et nos maîtres incomparables, il ne soupçonnait guère, dans sa modestie, que bientôt il serait cité lui-même comme le type le plus parfait du magistrat de nos jours. Ardent au travail comme si la nature ne l'avait pas comblé de tous ses dons ; donnant à la justice toutes les forces de son intelligence et de son cœur ; ne dépouillant sa robe, après avoir payé sa dette de chaque jour, que pour demander à des travaux littéraires le délassement des fatigues du Palais ; ne séparant jamais les devoirs de l'homme de ceux du magistrat ; réunissant dans le plus heureux et le plus rare équilibre les qualités et les succès du jurisconsulte, de l'orateur et de l'écrivain ; toujours prêt et supérieur à toutes les situations, toujours écouté avec sympathie, toujours suivi avec eespect et prouvant une fois de plus que la meilleure part de l'éloquence est encore dans la droiture du cœur et la fermeté de la conscience ; n'ayant jamais rencontré sur sa route ni une inimitié, ni une jalousie, ni une défiance, tant sa supériorité semblait s'ignorer elle-même, tant il y avait d'harmonie entre sa vie publique et sa vie privée, entre ses actions et ses paroles.

Voilà, Messieurs, quel était l'homme, quel était le magistrat qu'une mort prématurée vient d'enlever, plein de jeunesse, à sa famille, dont il était le charme et l'orgueil, à la magistrature, dont il était la lumière et l'honneur.

Et maintenant, cher collègue, recevez nos adieux : nous devions ce dernier hommage moins à vous qui reposez en paix dans le sein de Dieu, qu'au sentiment de cette estime universelle qui fait la dignité et l'émotion de vos funérailles.

EXTRAIT DU DISCOURS

PRONONCÉ A L'AUDIENCE DE RENTRÉE DE LA COUR IMPÉRIALE

PAR M. DUPRÉ-LASALE, AVOCAT GÉNÉRAL

LE 3 NOVEMBRE 1863

MESSIEURS,

Il y a quelques mois à peine nous était enlevé, dans toute la force de l'âge, dans tout l'éclat du talent, le collègue tant aimé dont je ne pourrai prononcer le nom sans raviver dans vos cœurs cette douleur profonde qu'une voix éloquente exprimait naguère sur sa tombe entr'ouverte. Pourquoi, à cette place où j'étais heureux de m'asseoir à ses côtés, m'était-il réservé de vous rappeler sa vie si noble et si pure, dont j'étais depuis l'enfance le témoin dévoué? Tel j'avais connu Charles Sapey dès le collège, montrant une précoce sagesse, obtenant chaque année toutes les

couronnes universitaires, et se faisant pardonner la
constance de ses triomphes par son aimable modestie,
tel je l'ai retrouvé au stage où l'entourait déjà une
jeune renommée. Lauréat de l'École de droit pour
son beau Mémoire sur la condition des étrangers en
France, secrétaire de la Conférence, d'unanimes suf-
frages lui décernèrent, en 1843, l'honneur d'y prononcer le discours de rentrée; il parla sur l'union de
la littérature et du barreau, donnant à la fois le pré-
cepte et l'exemple. Le concours et l'élection le dési-
gnaient aux fonctions judiciaires vers lesquelles l'entraînait sa vocation. En 1846, il devint juge suppléant
à Versailles; en 1847, un garde des sceaux qui cherchait le vrai mérite le nomma chef de son cabinet,
et bientôt après, au milieu des troubles d'une révolution, reçut de lui les marques d'un courageux dévouement. Charles Sapey, qui avait déjà publié son
premier essai sur Duvair, employa les loisirs forcés
que lui faisaient les événements à préparer son travail sur Antoine Lemaître. Tandis qu'il cherchait dans
l'étude l'oubli de légitimes préoccupations, la magistrature, enfin rendue à elle-même, s'empressa de
réclamer une de ses plus belles espérances ; substitut
à Versailles en 1850, et à Paris en 1852, il arriva,
en 1855, au parquet de la Cour. Dans cette enceinte,
où votre sympathique attention allait au-devant de
ses paroles, je n'ai pas à vous redire ses succès. Il
réunissait dans une parfaite harmonie les dons les

plus rares et les plus divers : le talent d'écrire et le
talent de parler, l'imagination la plus brillante et la
raison la plus solide, les grâces de l'esprit le plus fin
et les ressources de l'érudition la plus ingénieuse,
enfin, pour emprunter un trait qui achève de le
peindre, *l'intelligence la plus ferme dans l'âme la
plus douce* [1]. En lui, tout respirait l'amour de la vérité et la passion de la justice; tout révélait la droiture du caractère et la délicatesse du cœur; tout inspirait une affectueuse confiance, et jamais les fonctions
d'avocat général où l'avait appelé le vœu du Palais,
et qu'il devait occuper si peu de temps, n'ont été
confiées à un magistrat qui sût mieux, à la fois, les
faire aimer et respecter.

Si l'orateur nous est ravi, hélas! l'écrivain nous
reste; les lettres où s'était trempé son talent perpé-
tueront son souvenir: elles ont gardé une bonne part
de lui-même dans ces pages charmantes où il s'était
plu à tracer le portrait des grandes figures parlementaires. Ceux qui liront ces livres [2] comprendront

1. Discours de M. le procureur général Cordoën, prononcé le 29 juillet
1863, aux obsèques de M. Sapey.
2. Nous croyons devoir donner ici la liste des écrits de M. Sapey :
1843, *Les Étrangers en France, sous l'ancien et le nouveau droit*, mémoire couronné par la Faculté de droit de Paris ;
1843, *De l'union de la littérature et du barreau*, discours prononcé à
l'ouverture de la Conférence des avocats ;
1847, *Essai sur la vie et les ouvrages de Guillaume Duvair;*
1858, *Études biographiques pour servir à l'histoire de l'ancienne magistrature française; Guillaume Duvair, Antoine Lemaistre;*

l'étendue de notre perte ; ceux qui ont connu sa personne ne pourront se consoler de ne plus le voir dans nos rangs, où il était l'honneur de sa génération et l'ornement de notre magistrature ....

1860, *Éloge historique de la famille Séguier;* discours de rentrée à la Cour impériale de Paris;

1863, *Notice sur M. le président de Belleyme.*

249. — Typographie A. Iahure, 9, rue de Fleurus, à Paris.

DISCOURS

PRONONCÉ

PAR Mᵉ ROUSSE

Bâtonnier de l'Ordre des Avocats le 2 décembre 187

PARIS, TYPOGRAPHIE A. LAHURE

9, rue de Fleurus. 9

DISCOURS

PRONONCÉ

PAR Mᴱ ROUSSE

Bâtonnier de l'Ordre des Avocats

A L'OUVERTURE DE LA CONFÉRENCE

LE 2 DÉCEMBRE 1871

~~~~~~

PARIS

IMPRIMERIE GÉNÉRALE A. LAHURE

9, RUE DE FLEURUS, 9

—

1880

DISCOURS

PRONONCÉ

PAR Mᴱ ROUSSE

Bâtonnier de l'Ordre des Avocats

A L'OUVERTURE DE LA CONFÉRENCE

LE 2 DÉCEMBRE 1871

———————

Mes chers Confrères,

Lorsque vous m'avez élu bâtonnier pour la seconde fois, j'ai pris devant vous un engagement que je viens remplir aujourd'hui. J'ai dit que je ferais l'histoire du Barreau de Paris pendant la guerre, et sous le règne de la Commune. Ce sont de tristes souvenirs; mais nous y trouverons des enseignements qu'il faut entendre, et des leçons dont il faut savoir profiter.

Quand on est frappé comme nous le sommes, il est puéril de s'en prendre à la fortune, ou d'accuser un

1..

seul homme de tant de maux. Il n'y a que les peuples
asservis sans retour qui aient le droit de tout rejeter
sur un maître ; et une nation qui tomberait par la
faute d'un seul homme mériterait de ne se relever
jamais.

Nos fautes sont à nous ; ayons l'orgueil de les reconnaître. Tous, d'une commune ardeur, nous avons mis
la main à notre ruine, et la déraison de presque tous
a rendu possible ce que la folie d'un homme avait
préparé.

Parmi tant de coupables, il faut que le Barreau
prenne sa place, et que, donnant un exemple nécessaire, il ne laisse à personne le droit de lui signaler
ses erreurs.

En parcourant la légende de cette année funeste,
j'ai trouvé parmi vous des dévouements glorieux, de
généreux sacrifices, d'héroïques vertus, et des souvenirs dont vous avez le droit d'être fiers. Mais des
murs de ce palais, de ces ruines qui nous environnent
et que n'a point faites le temps, j'ai entendu s'élever
contre vous des voix accusatrices, des reproches
amers qui s'adressaient à vous comme au pays tout
entier. Si je ne les rappelais ici, le récit que je veux
taire ne serait ni sincère, ni utile; et ce n'est pas le
temps des vains discours. Nous nous sommes assez
loués nous-mêmes. Il faut, aujourd'hui, nous connaître

et nous juger. Il faut montrer à cette jeunesse qui nous entoure les écueils de la route où elle veut marcher; il faut aussi que, se considérant à son tour, elle songe moins aux éloges qui lui sont dus qu'aux devoirs qu'elle a parfois oubliés.

Pourquoi ne pas le dire? On parle mal des avocats, aujourd'hui. Après les avoir flattés sans mesure, on les accuse sans justice. On les chargerait volontiers de toutes les fautes de ce pays, et après les avoir conviés à la politique avec un aveugle engouement, bien des gens demandent maintenant ce qu'ils y sont venus faire, et ce qu'on attend pour les en bannir à jamais. Ce sont là des caprices dont les démocraties sont coutumières; des traits de dépit puéril par lesquels, dans leurs mauvais jours, elles aiment à se distraire des coups de la fortune. Mais, quoi qu'on en puisse penser, chez les peuples libres ou qui le veulent devenir, c'est-à-dire partout où les procès des citoyens et les affaires de l'État se discutent publiquement, les avocats ont, dans les conseils de la nation, une place aussi légitime qu'inévitable. S'ils se refusaient à la politique, il faudrait faire violence à leur modestie pour les y contraindre. Il ne paraît pas qu'en France, depuis soixante ans, on ait dû en venir à cette extrémité.

Sous le gouvernement des Bourbons, les institutions et les mœurs offraient au Barreau bien des tentations à la fois; mais les avocats ne s'y laissèrent aller qu'avec prudence, et avec une timidité dont il est permis de s'étonner aujourd'hui. C'était au Palais plus qu'à la tribune qu'ils cherchaient alors la considération et la renommée.

Les conspirations militaires des premières années, les procès de presse qui vinrent ensuite, leur donnèrent des clients illustres et des occasions faciles de popularité. Mais là encore, le Barreau fit preuve d'une discrétion méritoire. C'étaient les plus habiles et les plus renommés qui le représentaient dans ces luttes brillantes. Si quelques jeunes gens y ont trouvé d'heureux débuts, leur talent justifiait assez leur audace et sous leurs ardeurs juvéniles, dans les emportements de leur naïve éloquence, on sentait assez les qualités qui devaient donner bientôt à leur nom une célébrité légitime.

La Révolution de 1830 mit l'ambition du Barreau à une épreuve redoutable. Sous un gouvernement libéral, qui faisait à la parole une si large place, les avocats ne manquèrent pas à la politique, et je n'ai pas à faire ici leur histoire. Tous n'y réussirent pas également; mais presque tous y furent à leur place ; et l'un d'eux, au milieu des luttes les plus ardentes, en face des adversaires les plus illustres, est resté, de l'aveu de tous, le plus grand orateur de notre temps.

Mais bientôt, aux bruits de la tribune, au mouvement de cette société tourmentée, l'esprit et la discipline du Barreau commencèrent à se corrompre. Au
palais, la politique, peu à peu, prenait le pas sur les
affaires. Elle était partout; elle envahissait les couloirs
et les audiences; et rarement elle laissait la parole
aux plus expérimentés et aux plus sages.

On vit alors s'élever des derniers rangs, parmi les
plus inconnus et les plus jeunes, une agitation pré-
somptueuse, une cohue d'ambitions impatientes qui ne
cherchaient dans notre état que le moyen et l'occasion
de parvenir. On vit pénétrer ici, au sein de notre
jeunesse, les plus mauvaises pratiques des gouvernements populaires : la recherche des honneurs et des
emplois, les sollicitations et les brigues. Les dignités
du stage furent assiégées par des adolescents hardis
et par des politiques du premier âge qui voyaient là
le commencement de leur fortune; et bientôt, le mal
empirant, avant de confier aux anciens le gouvernement de notre petite République, on leur demanda
compte de leurs opinions et de leurs croyances. On
voulut savoir ce qu'ils pensaient des affaires de l'Europe, au lieu d'écouter comment, à l'audience, ils plai-
daient les procès de leurs clients. Ce fut là pour nous
un grand mal, et le principe de beaucoup d'autres.
Il ne fit qu'augmenter sans cesse, et vers les derniers
temps du règne, il était devenu intolérable.

Il y a de cela plus de vingt ans; et, comme il arrive
quand on vieillit, il me semble que c'était hier. C'était
là-bas, dans cette salle étroite et sombre, que tout
le jour se menaient à grand bruit les affaires de la
France et du monde. Rien n'était curieux comme cet
essaim de robes noires se pressant autour des orateurs
pour se donner, à distance, le spectacle et les émotions de la Tribune. On débattait, à vide, des plans
de campagne et des projets de constitution. On agitait
les nouvelles de la journée et les événements de la
saison. C'était, là comme ailleurs, ce mélange prodigieux de déraison et de bon sens qui sera l'éternel
désespoir et la ressource éternelle de ce pays. Je ne
crois pas que nulle part, en France, il se soit dit
sérieusement plus de folies. Mais nulle part, à coup
sûr, il ne s'est dépensé plus d'esprit inutile.

Parfois, dans ce coin jaseur, on voyait se révéler
des vocations imprévues; des avocats ignorés y obte-
naient des succès éclatants. Ils avaient, dans ce demi-
jour, de la verve, des traits justes, du talent et quelquefois de l'éloquence. Ils prodiguaient dans leurs
causeries toutes les épargnes de leurs discours.
C'était la décadence et comme l'ombre alourdie d'un
art charmant et tout français, — la conversation
tombée en roture. — Il n'est pas jusqu'au nom familier de ce petit cénacle qui ne semblât une raillerie
de la parole contre elle-même. Il a survécu à tous nos

désastres, et, par une dernière ironie, les flammes
qui n'ont pas respecté la salle du Conseil ont laissé
debout la salle de la *parlotte*.

Quant à nos anciens et à nos maîtres, lorsqu'en
quittant le Palais après une journée de labeurs, ils
s'attardaient de ce côté, les uns levaient les bras au
ciel, comme le bon Desboudets; d'autres écoutaient
un instant sans rien dire : — Dupin avec sa moue
moqueuse et puissante; Paillet avec son air de bonhomie trompeuse; Marie avec le sourire soucieux
d'un républicain inquiet de la République. — Puis
ils sortaient en secouant la tête, et en échangeant
entre eux, d'un air de compassion paternelle, des
paroles que je n'ai jamais pu bien entendre.

En 1848, le Barreau se trouva mêlé plus activement à la politique; et l'on vit paraître, à un degré
inconnu jusque-là, mais qui devait être plus tard
dépassé, l'un des abus les plus fâcheux qui nous puissent compromettre aux yeux du public : j'entends
l'irruption des avocats dans les honneurs et dans les
emplois.

La France, depuis soixante ans, a vu naître et
mourir trop de gouvernements pour que les révolutions n'aient pas chez nous leur jurisprudence. Lorsque arrive un pouvoir nouveau, il est juste qu'il

appelle autour de lui ses amis, et que les adversaires qu'il a vaincus ne s'attardent pas trop à le servir. En 1848, comme toujours, il s'est rencontré des hommes qui, faisant à leur cause le sacrifice de leurs intérêts, ont renoncé, pour la servir, aux bénéfices légitimes de leur état; rien n'est plus digne de respect, et le Barreau a donné, de ce côté, de beaux exemples.

Mais la conscience publique se défie de ces dévouements soudains, et elle ne veut pas en être la dupe. Elle ne veut pas que, le soir d'une révolution, la politique devienne tout à coup la ressource de ceux qui n'en ont point d'autre; qu'on la prenne comme le pis aller d'une jeunesse impuissante ou comme l'expédient désespéré de quelque crise pécuniaire, et qu'on s'essaye à gouverner son pays quand on ne peut plus gouverner sa vie. C'est là, cependant, ce qui s'est rencontré au Palais plus qu'il ne l'aurait fallu; et l'on a pu croire quelquefois que, là comme ailleurs, les patriotes de la veille n'étaient que les fonctionnaires du lendemain.

La malignité publique s'amuse de ces travestissements rapides; les honnêtes gens s'en affligent. Ils s'étonnent que, fût-on avocat, on puisse savoir si à propos tant de choses; qu'on soit prêt, en si peu de temps, pour des fortunes si diverses, et que l'étude seule du droit enseigne tant de moyens différents de parvenir.

A l'époque dont je parle, les emplois publics n'é-
taient pas le seul attrait contre lequel le Barreau eût
à se défendre. Il y avait alors, il y a encore pour les
avocats une visée plus haute et une tentation plus
dangereuse, c'est de figurer parmi les représentants
du pays, de siéger dans les assemblées et de parler à
la tribune. Pour plusieurs c'est une ambition légitime.
Pour beaucoup d'autres, ce n'est qu'une prétention
téméraire ; et les moyens qu'ils emploient pour la satisfaire s'accordent rarement avec les devoirs de leur
état.

Le procédé le plus commun, et qui a souvent réussi,
c'est de chercher, dans des procès politiques, le gage
d'une candidature populaire.

Quand je parle des procès politiques, il ne s'agit pas
de ces grandes causes où la conviction du citoyen
soutient, passionne et enflamme le talent de l'avocat.
C'est là un des plus nobles emplois de la parole.

Il ne s'agit pas non plus de ces occasions tragiques
où la force empruntant le masque de la justice, l'avocat
vient réclamer sa place auprès des victimes ; c'est le
plus sacré de nos devoirs, et je ne sache pas que,
dans aucun temps, nous l'ayons jamais déserté.

Je parle de ces défenses intéressées que l'on recherche pour brusquer la fortune et pour assurer à
son nom la célébrité rapide que tiennent dans leurs

mains les partis. A ces coups d'éclat, on devient aisément un personnage ; et ce que n'ont pas donné à
d'autres dix années de travail, de patience et de talent,
on l'emporte d'assaut en quelques minutes, pour avoir
parlé fort plus que pour avoir parlé juste. On devient
dans un instant un grand orateur, non parce qu'on
a bien plaidé sa cause, mais parce qu'on l'a plaidée ;
non parce qu'on est éloquent, savant ou honnête,
mais parce qu'on est républicain, royaliste ou libre
penseur. La défense est alors le moindre souci du
défenseur et sert parfois de prétexte aux familiarités
les plus fâcheuses ; mais le client absous ou condamné,
l'avocat a gagné sa cause. L'accusé lui fournit la
moitié du succès, et l'esprit de parti se charge du
reste.

La Révolution de 1848 introduisit au Palais une
puissance nouvelle qui acheva d'altérer nos traditions
et nos mœurs. Je veux parler de la presse.

Jusqu'alors, la littérature courante de la maison se
bornait aux honnêtes cahiers de Sirey, et à ces journaux qui, rédigés par des mains habiles, faisant à la
curiosité du public toute la part qu'il lui faut faire,
nous entretiennent sérieusement, chaque matin,
de nos affaires et de nos devoirs.

. Mais cette publicité discrète ne suffisait plus à l'importance que recherchaient plusieurs d'entre nous,

et à cette passion futile de tout savoir et de tout redire, qui est la maladie mortelle de notre pays et de notre temps.

Pour les oisifs, la justice devint, comme tout le reste, un spectacle dont il fallut connaître non seulement la scène et les personnages, mais surtout les dessous, les coulisses et les machines. On fit de nous des artistes, et notre vanité y gagna tout ce que notre orgueil y devait perdre.

On parla de nos débuts et de nos rentrées, de nos succès et de nos chutes; et, dans les journaux qui paraissent chaque soir, — comme dans ceux qui, la veille, sont datés du lendemain, — le Palais eut sa page, entre les courses et les théâtres, assez loin après la Bourse et un peu avant les annonces.

On vit paraître en même temps des notices, des biographies, des portraits judiciaires, où figuraient, auprès des avocats célèbres, ceux qui aspiraient à le devenir, avec les qualités et les défauts de chacun d'eux, les détails de sa vie domestique, les étapes de ses voyages, ses bons mots familiers, et jusqu'aux traits de son visage. La salle des Pas-Perdus eut sa chronique; et, comme le grand roi, le Palais eut ses Dangeau.

Messieurs, la presse est une puissance qui sait jusqu'où vont ses droits, et qui ne souffre guère qu'on lui enseigne ses devoirs; mais elle ne donne, à elle

seule, ni la célébrité ni la gloire, pas même la renommée véritable. Elle crée seulement des dehors brillants qui, d'assez loin, leur ressemblent, et dont la
vanité du commun des âmes s'accommode. Il faut,
pour ne s'y point tromper, une délicatesse d'esprit
et de cœur qui n'est pas le fait de tout le monde.
Plusieurs d'entre nous se sont laissé prendre à ces
louanges banales ou à ces critiques bienvenues qui
jettent chaque matin leur nom au public, et qui ne
sont que la petite monnaie de la renommée. Ils en
sont venus à désirer avec ardeur ces jouissances futiles, puis à les rechercher par des empressements
suspects et des avances intéressées ; et l'on a vu des
avocats oublier dans les bureaux d'un journal cette
fière indépendance qu'ils se vantaient de n'avoir
jamais abaissée devant un autre pouvoir.

Ainsi, le Barreau perdait peu à peu, avec la simplicité de ses anciennes mœurs, la conscience du rôle
qui lui appartient et des services qu'il doit au pays.
Distrait de ses devoirs par les ardeurs de la politique
et par les illusions de la vanité, l'intérêt de la justice
et le respect de la loi n'étaient plus son unique souci.

Je ne crois blesser aucune convenance, et je ne com-
promets personne aujourd'hui, en disant que les avocats virent arriver l'Empire sans engouement. Entre
eux et lui, dès le premier jour, il y eut une mutuelle

défiance, et comme une antipathie de famille. Il les a
toujours tenus pour des adversaires. Il les a traités
quelquefois comme des ennemis. Mais tout en combattant l'Empire sans relâche, parfois avec plus de violence que de sagesse, les avocats, comme la nation tout
entière, ont subi son influence, et reçu, comme elle,
son empreinte.

En excitant sans prévoyance et sans mesure la soif
de l'argent, le goût du luxe, la passion des fortunes
rapides; en accumulant dans Paris ces travaux fameux
dont les ruines mesurent aujourd'hui la stérile grandeur, ce gouvernement a fait naître un ordre d'intérêts et d'affaires que le Palais avait à peine connu
jusque-là. Vous savez ce que les expropriations ont
donné au Barreau, et ce qu'elles lui ont coûté. Les
abus auxquels vous songez avec moi sont trop récents
pour que je les rappelle longuement. Mais ils sont trop
graves, ils nous ont été trop funestes pour que je paraisse les oublier et pour que je veuille les absoudre.
Il n'est pas une de nos traditions qui n'ait subi là quelque atteinte. Des habitudes équivoques, des familiarités suspectes, une âpreté de procédés et d'exigences
que nous ne connaissions pas, ont remplacé, trop souvent, dans ces affaires faciles, l'antique bonne foi, le
dédain superbe de l'argent, le respect excessif de soi-
même, toutes ces nobles chimères qui relèvent et en-
noblissent la vie, qui ne sont pas le devoir, mais le

luxe des âmes bien nées, et qui s'appellent — l'honneur.

Les travers et les fautes que je vous signale avec quelque rigueur ne sont pas ceux du Barreau seulement : ce sont les fautes et les travers de notre pays et de notre temps. La passion des emplois et de la richesse, l'intempérance politique, l'amour de la popularité, l'enivrement de soi-même, n'est-ce pas ce que nous avons vu partout depuis tant d'années? N'est-ce pas ce qui a préparé notre ruine? Et si plusieurs d'entre nous ont paru plus attentifs au progrès rapide de leur fortune qu'au soin de leur dignité, n'est-ce pas pour s'être laissé gagner par ce courant presque irrésistible de mauvaises doctrines et de mauvaises mœurs qui emportait, avec nous, le pays tout entier à sa perte?

Un jour, cependant, on put croire tous ces dangers conjurés : de grands changements s'étaient faits dans les conseils du souverain; et pourquoi ne pas le dire? une grande espérance avait pénétré dans bien des cœurs. Autour d'un jeune ministre, on vit accourir en foule, même de nos rangs, de jeunes politiques qui, jusque-là, n'avaient voulu engager au prince ni leur nom, ni leur talent, ni leur avenir. On vit sortir aussi de leur retraite, comme des témoins bienveillants et comme les parrains de cette renaissance tardive, ces grands vieillards oubliés, dont les noms consolent

seuls aujourd'hui notre orgueil, et dont la sagesse
sera peut-être la dernière ressource de nos malheurs.

Mais ces illusions furent vite dissipées. Bientôt vinrent, de toutes parts, les fautes sans excuse, les folies
sans nom et les malheurs sans exemple.

Messieurs, c'est un triste consulat que le mien. Il
ne restera célèbre que par le souvenir de nos défaites,
de notre honte et de nos misères. Il a commencé en
même temps que cette guerre funeste. Le jour où vous
m'avez appelé à cette place, toute notre jeunesse par-
tait pour la frontière ; et mes premières paroles, je
m'en accuse, ont été comme un défi imprudent à la
fortune. C'étaient des adieux pleins d'espoir à ceux
qui nous quittaient. C'étaient, à travers bien des alarmes, des pressentiments orgueilleux que, comme tant
d'autres, la volonté de Dieu devait, dès le lendemain,
démentir.

Depuis cette époque, nous avons connu toutes les
douleurs ; il n'en est aucune qui ait égalé les angoisses de ces premiers jours. Rappelez-vous ces surprises ;
ces nouvelles sinistres qui traversaient la ville, toujours précédées par des bruits menteurs de victoires ;
ces éclats de joie suivis d'un morne silence ; ces défaites
se pressant, se poussant l'une l'autre; puis, tout à
coup, ces bulletins éperdus où une main fatale semblait redemander au hasard tout ce qu'elle lui avait

follement confié ; la sédition mêlant les rangs d'une
armée en déroute à la cohue d'une multitude en débauche ; et une révolution enfin rompant, d'un seul
coup, le dernier lien qui retenait tout un peuple au-
dessus de l'abîme. Voilà ce que vous avez vu. Voilà,
jeunes gens, ce que vous ne devez oublier jamais.

Je n'ai point à juger ici ceux d'entre nous que ces
événements ont emportés au pouvoir. Dans la poussière et dans le bruit de ces grandes chutes, les contemporains voient mal d'ordinaire. Ils jugent au
hasard, au gré de leurs passions ou de leurs douleurs.
Ici, d'ailleurs, ni l'éloge ni le blâme ne seraient
vraiment à sa place.

Mais ceux que nous cherchions, que nous suivions
dans cette tourmente, c'étaient ces jeunes gens qui
nous avaient quittés la veille, et qui sans ambition,
sans illusions, presque sans espérance, allaient se
jeter au plus fort du péril et combattre pour la patrie.

Des campements tumultueux de Châlons et de
Saint-Maur, chaque jour nous apportait des nouvelles
qui, sans dissiper nos alarmes, relevaient au moins
notre cœur et consolaient notre fierté.

Là, dès les premiers jours, au milieu de cet immense
chaos, on voyait se former, dans nos jeunes milices,
de petits groupes de cœurs vaillants qui cherchaient

à se reconnaître et à se compter. On comprit alors,
une fois de plus, ce que vaut, dans ces grands désastres, la conformité des idées, des sentiments et des
croyances ; ce que peuvent faire, pour fortifier les
âmes, les exemples de la famille, les enseignements
du foyer ; ces vieilles idées de Dieu, de patrie, de
devoir et d'honneur, si dédaignées aujourd'hui ; toutes
ces saintes crédulités de l'enfance qui deviennent plus
tard la foi de l'homme et la vertu du citoyen. Il se
trouva que les enivrements du libertinage, les bra-
vades des carrefours, les promenades et les drapeaux,
les fanfares et les chansons, que ces parodies du patriotisme et ces enfantillages grossiers de la guerre
ne faisaient ni les patriotes, ni les soldats; et que
ceux-là seuls pouvaient compter dans les rangs, qui
avaient appris ailleurs à aimer leur pays et à le
défendre.

Dès les premiers jours, la jeunesse du Palais mar-
qua sa place parmi les plus patients et les plus
braves.

C'étaient nos novices et nos recrues, nos confrères
de la veille, nos stagiaires, nos clercs de la vieille
basoche, ces enfants d'honnêtes familles et de médiocre fortune, que les hasards de la vie allaient bientôt séparer, mais qui tous, en passant ici, dans ces
murs pleins des spectacles et des leçons de notre histoire, y avaient appris, sous une loi commune, les

2

préceptes du devoir et du travail, le respect, le droit,
la fraternité véritable, toutes ces belles disciplines de
l'intelligence et de l'âme qui lient l'homme à l'homme,
et qui sont le seul fondement solide des États.

La guerre les trouva prêts, — non pas enthou-
siastes, mais résignés et résolus. Les travaux les plus
grossiers ne rebutaient pas leur patience. Les souffrances les plus imprévues n'effrayaient pas leur
courage.

Les uns s'en allèrent au loin, dans leurs provinces,
grossir ces levées hâtives que la dictature demandait
à la liberté, que menaient des chefs vaillants et habiles,
mais que la cupidité meurtrière de quelques hommes
livrait d'avance à d'inévitables défaites. Ils allaient se
mêler à ces multitudes sans armes, sans vêtements et
sans pain, qui, par cet effroyable hiver, encombraient
les fondrières de Conlie, ou qui se traînaient des marais de la Sologne aux neiges lamentables du Jura.

Les autres — c'était le plus grand nombre — sont
venus s'enfermer dans Paris ; et pendant ces quatre
mois mortels, nous les avons vus, tantôt campés dans
les maisons abandonnées de Belleville, de Boulogne et
de Neuilly : tantôt, la veille d'une bataille, passant
par les rues au son des clairons et des tambours,
dans ces marches bruyantes qui allaient porter au
loin la nouvelle de quelque mystérieux coup de

main ; tantôt, le soir, dans ces lugubres retraites qui,
après tout un jour de combats, les ramenaient triste-
ment, lentement, errant sans chefs, sans ordre et
comme au hasard, à travers les champs dévastés de
Charlebourg ou de Drancy.

Chaque jour aussi l'on en rencontrait quelques-
uns, trempés de pluie, souillés de boue, transis de
froid, maigris par la fatigue et par la fièvre, noircis
par la bise des nuits de décembre, rentrant au logis
paternel pour y trouver quelques heures de sommeil
et de repos.

Il fallait voir alors ces mères... s'emparant de leur
enfant, réchauffant ses mains glacées, lavant ses pieds
meurtris, le couchant dans ce lit toujours prêt, puis
l'endormant avec des caresses et le veillant d'un œil
jaloux, comme si c'était encore le nouveau-né d'autrefois. Alors tout s'oubliait : les fautes et les chagrins,
les infidélités de l'adolescence, les longues attentes à
la porte de cette chambre abandonnée ; les luttes inégales de la tendresse maternelle contre tous les ennemis de la vingtième année. Leur fils était à elles seules
maintenant ; il leur appartenait par la souffrance ; et,
en regardant ce grand enfant endormi, les pauvres
femmes ne pensaient pas que dans un instant il allait
s'éveiller, s'échapper de leurs bras et partir encore.

Il en est cependant parmi vous qui ont voulu connaître de plus près encore la vie du soldat et entrer plus avant dans la familiarité de la guerre. Les veilles bourgeoises sur le rempart ne suffisaient pas à leur zèle. La turbulence de la garde mobile décourageait leur ardeur. C'est dans l'armée, sous ses uniformes si populaires autrefois, qu'ils sont allés chercher des compagnons plus sûrs, des exemples plus utiles, et de moins bruyantes vertus.

Des avant-postes et des grand'gardes, chaque jour, nous entendions venir des noms amis, entourés de justes louanges. Ici, c'étaient des magistrats d'hier, simples soldats aujourd'hui, que des traits répétés de valeur signalaient à l'admiration de leurs chefs.

Là-bas, disait-on, à Villiers, autour du drapeau des zouaves, quatre jeunes gens, quatre frères d'armes inséparables se sont tenus tout le jour ; calmes, intrépides, dédaigneux du danger. Ils ont, dans le régiment, leur histoire et leur légende. Il n'y a pas un coup de main où ils ne demandent leur place. On les appelle « les avocats ». Trois de ces vieux soldats sont des stagiaires. L'un d'eux porte un nom qui nous est deux fois cher. Il a écrit, d'une main émue, simplement, avec grandeur et avec modestie, le récit des combats dont il a été le témoin.

Un autre, un enfant, Raoul Lacour, sortait à peine des bancs de l'école. C'était un voyageur passionné, un écrivain heureux, un poète, qui se croyait un philosophe. Entouré de toutes les joies de la jeunesse et de toutes les promesses de l'avenir, la tête pleine de projets, le cœur plein d'espérance, il est tombé sur le champ de bataille, dans un jour de victoire, loin de son père, qui — trois mois après — comme tant d'autres, apprenait, au fond de la province, la mort de son enfant.

Ce qu'ont fait ceux dont je parle, beaucoup d'autres l'ont fait comme eux ; et, à ces grands souvenirs, il y a parmi ceux qui m'écoutent bien des jeunes cœurs qui peuvent battre d'un juste orgueil. Les uns ont reçu la récompense de leur courage, les autres l'attendent encore ; et il en est, je le sais, qui s'étonnent de ne l'avoir pas déjà obtenue. Jeunes gens, si vous voulez être des hommes, et si vous voulez que ce peuple soit encore une nation, il faut pourtant vous endurcir à ces légères disgrâces. Les distinctions qui se donnent au nom du pays ont leur valeur ; et, à les dédaigner comme des hochets, il y a autant de vanité qu'à les solliciter comme des faveurs. Mais, dans cette noblesse roturière dont notre démocratie est si jalouse, soyez donc, vous-mêmes, vos chanceliers et vos juges d'armes ! Avant de blâmer et de vous plaindre, regardez bien autour de vous. Ce n'est pas tout d'avoir des grades, des médailles et des croix. Il faudrait encore, quand on les a, ne jamais rencontrer des

gens qui les méritent mieux que vous... Croyez-moi,
c'est plus difficile et plus gênant qu'on ne le pense.

Au milieu de cette horrible guerre, et parmi tant
de beaux exemples que le Barreau a donnés, savez-
vous quel est celui qui m'a le plus frappé? le voici.

Un de nous porte un beau nom, inscrit avec honneur parmi ceux de vos anciens bâtonniers. Je ne
veux pas dire son âge ; mais ma vieille amitié ne peut
pas oublier que, tous les deux, nous étions jeunes en
même temps. Tout le monde l'aime. Il a un esprit
original et charmant, un cœur d'or, et une modestie
rétive qui, lorsqu'on sait tout ce qu'il vaut, ressemble
presque à de l'orgueil. Par tempérament, par goût et
par tradition, il a gardé, un peu au delà des jeunes
années, les robustes habitudes de la jeunesse.

Un jour, après nos premiers revers, je le rencontre
au Palais. Il était triste, mais aussi calme que je l'étais
peu : « Tu sais, me dit-il, si cela continue, j'y vais !
« — Où? — Je vais m'engager; mais ne le dis pas; je
« trouve déjà bien assez d'obstacles. » Je lui tendis la
main en souriant, croyant que c'était une boutade de
patriotisme et une chaleur de jeunesse qui passerait...
Le lendemain, il s'enrôlait dans un régiment de la
garde. Pendant tout le siège, il est resté aux avant-postes
dans les tranchées, partout où il y avait un danger;
plus brave que les plus braves; tranquille, parlant

peu, supportant, sans qu'il parût les sentir, le froid,
la fatigue et la faim; ayant sans cesse devant les yeux
l'image de la France vaincue et la haine de l'étranger.
La guerre finie, il est revenu parmi nous. Je ne crois
pas qu'il ait parlé à personne de sa campagne. Je n'ai
vu son nom cité nulle part. Ce vieux chevalier n'a
pas voulu passer capitaine, et ce soldat obstiné a
refusé dix fois d'être caporal.

Pour moi, quand je songe aux prétentions arrogantes de tant de gens, aux louanges surfaites que
l'on donne à beaucoup d'autres, à cette furie de
parler et de paraître qui nous a perdus, je ne vois
rien de plus grand que ce dévouement taciturne
qu'aucune illusion n'entraîne, qu'aucune ambition ne
soutient, qu'aucun devoir ne commande, et qu'anime
seul, au milieu de nos défaites sans espoir, l'amour
silencieux de la patrie.

Pendant qu'on se battait hors des remparts, le
Palais n'était pas abandonné. Ce n'était pas un désert,
mais une solitude. Dans les longues galeries on
voyait, çà et là, quelques fantômes drapés de noir
portant des ombres de dossiers; c'étaient comme les
revenants de la justice. On ouvrait, pour les fermer
aussitôt, les portes des audiences. Quelquefois, pourtant, on plaidait, devant des bancs sans public et dans
des salles sans feu. Au bout d'un instant, l'avocat était
aussi étonné de parler que les juges paraissaient sur-

pris de l'entendre. Des deux côtés on pensait à autre chose ! et, comme il faisait grand froid, les plaidoiries ne duraient guère.

Chaque semaine, par respect pour la coutume, pour ne pas laisser prescrire les traditions de notre ordre, vos anciens s'assemblaient dans cette salle que nous ne reverrons plus, et où viennent de périr pour nous tant de souvenirs. Nous avions l'air de ces vieillards de l'Iliade qui se réunissaient aux portes de Troie pour apprendre les bruits de la bataille et se raconter le combat de Patrocle et d'Hector.

Chacun apportait ses nouvelles. L'un venait de conduire jusque hors des murs le bataillon où était son fils ; et le pauvre père, pour se raffermir, marquait le pas d'un air belliqueux, comme s'il était encore dans le rang.

L'autre arrivait tard, le front soucieux. Il venait de panser son enfant, blessé cruellement dès le premier jour, et sauvé par un miracle. Celui-ci descendait de l'ambulance où il venait d'assister un mourant. Celui-là était radieux. Il avait reçu la veille, du bout de la France, — par un pigeon, trois lignes que sa fille elle-même avait écrites. Le billet avait un mois de date. Mais qu'importe ? On n'avait pas la joie difficile.

Au milieu de tant d'émotions, le Conseil avait des

semblants d'affaires qui trompaient son oisiveté. Les
chefs de la défense lui ont fait un grand honneur. Ils
l'ont invité à choisir parmi vous des juges militaires
chargés de rétablir dans les bataillons la discipline
troublée par de scandaleux méfaits; et dans ces fonctions pénibles, le Barreau a pu rendre encore au pays
des services qui n'étaient ni sans importance, ni
sans dangers.

Tout à l'heure, Messieurs, j'ai dit un mot que je
n'aurais en garde d'oublier : l'ambulance. — Pour
qui ne pouvait pas combattre, c'était là, en effet,
l'œuvre civique la plus pressante, et le Palais ne devait
pas y demeurer étranger.

C'est dans l'ancienne salle des assises, dans ce
grand prétoire abandonné, où jadis nous nous pres-
sions pour entendre Chaix d'Est-Ange, Bethmont et
Berryer, que, pendant près de cinq mois, les blessés
et les malades ont trouvé l'hospitalité qui leur était
due. C'est là que jour et nuit, à travers tous les
dégoûts, au milieu des spectacles hideux et des
sanglantes immondices de la guerre, — médecins,
religieuses, femmes du monde, maîtres et serviteurs,
riches et pauvres, tous égaux devant le devoir, ont
lutté, à l'envi, de dévouement et de zèle.

Jamais la fraternité tant de fois vantée de la magis-

trature et du Barreau ne s'était montrée plus familière, plus intime et plus féconde.

Pourquoi, dans ce récit où je ne veux nommer
aucun de vous, pourquoi ne nommerais-je pas du
moins quelques-uns des hommes qui nous soutenaient
par leur exemple? Et si je le fais, qui donc suspecte-
rait ici la liberté de mon témoignage? Comment
parler de l'ambulance du Palais, sans rappeler, en
nommant M. le premier président Gilardin, celui qui
en était l'âme et la vie? Comment oublier la simplicité austère et tendre avec laquelle, bravant ses
propres souffrances, oubliant jusqu'à ses angoisses
paternelles, il faisait à ses pauvres soldats les honneurs de notre maison?

Et le président Berthelin, si tranquillement actif,
si naturellement dévoué? Et cet administrateur sans
rival, Égée, l'industrieux économe de nos vivres qui
renaissaient comme par miracle sous sa main.

Et Millet, cet interne réfractaire devenu avoué, que
je vois encore aux visites du matin, avec son tablier
d'hôpital, étonnant nos docteurs eux-mêmes par son
impassible dextérité.

Les jours de la bataille, l'ambulance *sortait*, comme
on disait alors. Et, pour avoir sa place dans ces expé-
ditions, il fallait se lever matin, prendre bien son
temps, et quelquefois user d'adresse. On allait, au

bruit du canon, par le vent et dans la neige, recueillir
les blessés dans les champs, le long des chemins, à
Champigny, au Bourget, à Suresne. Partout c'était le
premier président qui marchait en avant, comme à
l'audience, mais en tenue de guerre, — *in procinctu*
— en grandes guêtres, la croix rouge au bras, portant le brancard, allant toujours avec une bravoure
naïve, droit devant lui : « Baissez-vous donc, monsieur, » lui disait, à Champigny, un de nos médecins
militaires.

A l'ambulance du Palais, on rencontrait aussi deux
magistrats, très différents l'un de l'autre, que la mort
allait frapper tous les deux, et que, malgré tant de
traits qui les séparent, j'unis ici dans un commun souvenir.

Le procureur général Paul Fabre avait été, avec
son éminent collègue, M. le président Laborie, un
des créateurs de cette pieuse entreprise. Gravement
atteint par la maladie, il n'avait pas voulu reculer
devant les émotions et les fatigues.

La dernière fois que je l'ai vu, c'était un matin du
mois de décembre, dans les plaines de Drancy, par un
horrible froid, enveloppé dans des fourrures qui le
défendaient mal de la bise; souffrant et pâle, mais
calme, et conservant, au milieu de tant de douleurs,
ce sourire discret où se reflétaient la bonne grâce

d'une intelligence facile et la jeunesse d'une belle âme
dont les violences de ces tristes temps n'avaient
point altéré la sérénité.

Le président Boujean était un vieillard tumultueux,
d'un esprit alerte, original et bienveillant; très-fami-
lier; conteur infatigable; savant comme on ne l'est
plus; brave comme on ne l'est guère, par tempérament, à son insu; patriote ardent, qui semblait né
pour les temps de troubles. En le voyant, je songeai
toujours à nos vieux parlementaires du temps de la
Ligue. Il me rappelait Brisson pour l'esprit et le vaste
savoir, Duranti et de Harlay pour le courage. Dans
ces jours funestes, il n'avait qu'une pensée, qu'une
passion : la France... Cet otage appartenait de droit
à la Commune. Il est tombé sous les coups des assas-
sins en héros, comme un de ces stoïciens de Rome
qui mouraient chrétiens sous Tibère. Les lettres qu'il
a écrites dans sa prison resteront comme un des plus
illustres témoignages de la conscience humaine au
milieu de ces jours d'épouvante. L'antiquité n'a pas
vu de plus grande mort.

Malgré tant de sacrifices et tant de vertus inutiles,
Paris ouvrit enfin ses portes. Lorsqu'arriva cette sombre délivrance, il y eut un moment où tout sembla
s'arrêter et se taire. La douleur, la crainte, l'espoir,
la haine même, tout disparut dans un élan de curiosité passionnée qui emportait au loin ces âmes capti-

ves. Des lettres ! Qui ne se rappelle ces premières lettres s'échappant enfin de la dure main du vainqueur !
Les bruits du monde venant enfin jusqu'à nous ! Ces
joies et ces douleurs inconnues que pendant cinq
mois le temps avait lentement amassées, et qui fon-
daient sur nous tout à coup ! Les nouvelles de l'enfant,
du frère, des amis que des obstacles invincibles avaient
retenus loin de nous !

Puis les coups de foudre ! Les funérailles tardives
qui suivaient la mort de si loin ! Les surprises
cruelles qu'ici même la Providence infligeait aux
meilleurs d'entre nous !

A l'un, on apprenait que depuis quatre mois tout
entiers son père était mort, tué à quatre-vingt-quatre
ans, dans sa maison, au pied du lit de sa fille. Et avec
cette famille en deuil, nous pleurions le magistrat
éminent, le patriarche vénéré, auquel la guerre avait
enlevé sa verte vieillesse[1].

Un autre[2] avait cinq enfants, là-bas, loin de lui, à
Orléans. Enfin, après tant de jours d'angoisse, voici
une lettre où il baise la trace de leurs petites mains.
Mais au bas de la page, trois seulement ont écrit
leurs noms. Et les autres ?... Ils sont morts... morts
tous les deux, il y a plus d'un mois, chassés le long

1. M. Lévesque, président honoraire du tribunal de Soissons.
2. M. Housset, avocat à la Cour de cassation.

des chemins par des soldats allemands ; tués par le
froid, par la fatigue et par la terreur, en fuyant avec
leur mère sur un champ de bataille ; tous deux suc-
combant presque ensemble, à quelques jours d'inter-
valle, et se suivant dans la mort comme ils se suivaient
dans la vie.

Mais je m'attarde à ces souvenirs de la guerre, et la
guerre est finie, sans que la défaite elle-même amène
la fin de nos malheurs. Une honte nouvelle allait effacer d'un seul coup la honte de tous nos revers.

Je n'ai pas à faire l'histoire de la Commune, et de
la sédition d'où elle est sortie. Je n'ai pas à montrer l'origine de l'entreprise, les occasions qui l'ont
servie, les complicités qui l'ont aidée, les défaillances qui lui ont livré le pouvoir. Ce que Paris **a vu**
et a souffert, non, je n'ai pas le courage de l'écrire, et
rien ne m'en impose le devoir. Mais il faut qu'à travers ces souvenirs lamèntables je suive mon dessein et
j'accomplisse ma tâche jusqu'au bout.

Messieurs, je me suis montré assez dur envers nous-
mêmes pour avoir le droit de parler de nous librement. Le Barreau est sorti pur de cette révolution
avortée, à laquelle il n'a donné que des victimes.
C'est à peine s'il a prêté à ce drame honteux quelques
infimes comparses. C'est la *Presse* qui a eu presque
tout l'honneur de ce roman monstrueux né dans les

tavernes et les cavernes littéraires de la démagogie.
Les écrivains honnêtes ont eu cette douleur, les lettres françaises ont subi cette injure, de compter des
écrivains et des artistes parmi les chefs les plus fameux des meurtriers et des incendiaires de la Commune [1].

Soyons modestes cependant : les registres du stage
ont alors, pour la première fois, donné un garde des
sceaux à la France ; et, pour illustrer ses débuts, ce
jeune homme décréta deux nouveautés que le despotisme et la barbarie avaient connues plusieurs siècles
avant lui : les cours martiales et le régime des
otages.

Ces institutions libérales allaient donner au Barreau de grands embarras. Pour les juridictions civiles
qu'on avait créées en même temps, rien de plus simple. A nos yeux, elles n'existaient pas. A ceux qui se
contentaient de ce président et de ces juges, nous ne
devions rien. Libre à eux de débattre eux-mêmes
leurs intérêts, ou de les faire défendre par les citoyens officieux de la maison. Des avocats et des
plaidoiries n'auraient rien ajouté à la sécurité des
parties. D'ailleurs, pendant sa courte existence, ce
parlement muet a compté plus de juges que de plaideurs.

---

1. Voir, dans la *Revue des Deux-Mondes* du 15 juillet 1871, le bel article de M. Caro : *La fin de la Bohême*.

Mais la justice criminelle !. . Les cours martiales !...
Les jurys d'accusation ! Quoi ? Un accusé va paraître
devant ses juges, un otage devant ses bourreaux, et,
dans ces autres de la justice, il ne trouvera pas un visage ami, un défenseur ou un témoin ! Devant cette
force aveugle qui va frapper, pas une main ne se lèvera
pour attester le droit et la justice ! Et nous, serviteurs
de la justice et du droit; nous qui, à travers les flat-
teries et les railleries du monde, mettons dans ces
vieux noms tout notre orgueil, et qui leur avons dû
souvent les honneurs d'une popularité sans périls,
nous serions restés muets devant le danger ! C'eût été
la première fois, et vous n'avez pas fait à notre histoire
cette injure.

Le soir même où la cour martiale ouvrit ses portes,
sans être appelés, sans être attendus, plusieurs d'entre
vous étaient là. Une curiosité inquiète les avait
amenés. Mais à la vue de ces malheureux qu'on venait
de tirer de leurs cachots et qu'on jugeait en quelques
minutes, sans citation, sans délais, sans témoignages,
sans défense, avec des railleries et des injures, ils ne
purent se taire, et se montrant à la barre, ils récla-
mèrent résolument, au nom du droit outragé. Devant
cet obstacle imprévu, la procédure expéditive de la
Commune s'arrêta pendant tout un jour.

C'était là, de la part de nos confrères, une impru-

dence généreuse qu'aucun de vous ne songe à blâmer,
mais qui devait nous faire réfléchir.

Si ces juridictions sauvages devaient durer, les avocats ne pouvaient pas, cependant, en devenir les
auxiliaires, prêter leur parole aux banalités d'une
défense inutile, et, violant toutes les lois auxquelles
ils ont juré d'obéir, légitimer par leur présence ces
parodies sanguinaires de la justice. On n'accuse pas
des otages; il est puéril de les défendre, et il faut
que les hommes qui les tuent ne puissent pas dire
qu'ils les ont jugés.

Nous nous sommes réunis, et nous avons décidé
que, devant les tribunaux de la Commune, de quelque
nom qu'elle les voulût appeler, il ne pouvait y avoir
ni avocats, ni Barreau; mais que partout où un malheureux nous appelait, l'homme, le citoyen ne relevant que de lui-même, et sachant parler, devait aller
à son secours. Nous avons déposé, pour ne les point
laisser avilir, les insignes de notre état, cet antique
costume qui, dans nos traditions, représente la liberté
de parler et de défendre. Mais, de ces traditions res-
pectées, nous avons gardé les enseignements que nos
devanciers nous ont transmis, et que, s'il plaît à
Dieu, nous laisserons à ceux qui viennent après nous :
la pitié pour le malheur, la haine de toutes les tyrannies et le mépris de toutes les violences.

Ces résolutions allaient être bientôt mises à l'épreuve; et, par une fatale rencontre, c'est à un membre du Barreau que l'un de nous devait aller d'abord offrir ses conseils et les efforts d'un dévouement inutile.

Gustave Chaudey fut un de ces hommes qui semblent nés pour servir de victimes aux révolutions. Très jeune, dans son pays, en Franche-Comté, il avait connu son compatriote Proudhon, et cet actif penseur lui avait fait sentir le poids de sa lourde familiarité. Je ne sais si Chaudey suivait le maître jusqu'au bout de tous ses sophismes; mais son esprit sincère n'était ni assez léger, ni assez profond pour se mêler sans danger aux jeux de cette grande intelligence railleuse. C'est l'écueil ordinaire de ces communautés inégales, où l'un des deux conserve rarement toute sa liberté.

De cette intimité redoutable, Chaudey avait gardé l'empreinte, la marque de Proudhon, le pli général de sa pensée, un mouvement d'esprit sans repos vers un but incertain, et comme un sourd mécontentement politique, avec une vue assez confuse des changements qui l'auraient pu satisfaire. Ses amitiés, ses souvenirs, le penchant de toute sa vie le poussaient malgré lui vers des gens dont les violences stupides irritaient sa raison et déconcertaient sa candeur. A chaque instant il s'éloignait d'eux avec dégoût. Mais il les avait vus d'assez près pour les bien connaître, les gêner souvent, leur devenir suspect, et se faire surveiller.

La France connaît depuis longtemps ces esprits
hardis et timides qui s'arrêtent au milieu des révolutions, et que les révolutions écrasent sans pitié. Les
plus honnêtes et les plus illustres se sont appelés les
Girondins. Les autres ne laissent pas de traces dans
l'histoire.

Chaudey n'était plus un jeune homme lorsqu'il est
venu parmi nous. Il avait beaucoup vécu loin de Paris,
au Barreau, dans la presse, dans l'exil, dans le cercle
étroit d'un parti, dans l'emphase naïve des polémiques
de Province. Mais par son mérite et par sa franchise,
il s'était fait ici, sans trop d'efforts, une place honorable. Sa personne et sa parole n'avaient rien de banal.
Ses grands traits rustiques, empreints d'une bienveillance un peu solennelle, respiraient la bonté, le courage et la bonne foi. Son discours avait une familiarité
robuste et des trivialités heureuses qui, devant un
grand public, donnaient à cet orateur incomplet ses
heures de popularité.

Pendant le siège, Chaudey avait été élu maire d'un
arrondissement, puis adjoint au maire de Paris. Ce fut
la cause de sa perte. Il était à l'Hôtel de Ville, le
22 janvier, lorsqu'il fallut repousser par la force un
de ces assauts où s'essayaient les bandes de la Commune. Plus tard, lorsqu'elle eut triomphé, il soutint

dans un journal des opinions qui déplurent, j'ignore
pourquoi, au nouveau pouvoir. Vous savez le reste :
dénoncé, arrêté, détenu pendant près d'un mois à
Mazas, transféré ensuite à Sainte-Pélagie, un soir il
fut arraché de sa chambre par un des chefs de la Commune, qui le fit massacrer sous ses yeux. Partout où
l'on prononcera le nom de Chaudey, il faut que le
nom de Raoul Rigault l'accompagne et demeure attaché à jamais au souvenir de cet assassinat.

Rien ne put sauver le pauvre Chaudey, ni les dé-
marches du confrère dont il avait accepté le vain secours, ni l'intrépidité d'un ami fidèle qui, dix fois, a
risqué pour lui sa liberté et sa vie[1], ni le dévouement
de sa jeune femme qui, pour arriver jusqu'à lui, a
bravé tour à tour les insultes et les balles.

Chaudey a supporté sa captivité avec constance ; il
est mort avec courage. L'enfant qu'il a laissé nous appartient, et j'ai pris en votre nom, sur la tombe de
son père, un engagement auquel nous ne manquerons
pas.

L'arrestation de Chaudey fut une des premières
violences de la Commune, et le signal de beaucoup
d'autres. Quinze jours après l'avènement de ces
hommes, les prisons étaient pleines, et Paris asservi

---

1. M. Cernuschi.

voyait renaître la sombre légende dont nos pères
avaient si souvent effrayé notre enfance : les dé-
nonciations publiques, les délations de voisinage,
les visites domiciliaires, les réquisitions à main
armée ; les églises envahies, les sépultures violées, les
bandes sordides faisant dans nos rues et dans nos
maisons la police et la loi ; une milice en débauche,
maîtresse absolue de la fortune, de la liberté et de la
vie des citoyens ; — enfin, cet excès de honte que nos
pères, du moins, n'avaient pas connu : — l'étranger,
maître des faubourgs, spectateur de notre ignominie,
et pactisant avec cette *Terreur* dégénérée qui, dans
ses avances obséquieuses, oubliait devant lui jusqu'au
souvenir de nos défaites et reniait jusqu'au nom de
la patrie.

Parmi tant de victimes, la Commune avait ses pré-
férences. C'est contre le clergé catholique qu'elle avait
d'abord tourné sa haine et déchaîné les fureurs populaires.

Dès le premier jour, dénoncé par son titre seul,
sans que rien dans sa vie pût faire présager ce sinistre
caprice, l'archevêque de Paris était promis, comme
otage, au bon plaisir du peuple et à la sûreté de la sédition.

En même temps, le clergé de Paris presque tout
entier fut voué au même sort.

L'archevêque, le curé de la Madeleine, des religieux, des prêtres sans nombre furent emprisonnés
au hasard, sans motifs, sans choix, souvent sans mandat, quelquefois sur le signe d'un voisin ou d'un passant. « Combien avez-vous arrêté de prêtres, demandait
l'un de nous, deux jours avant les massacres, au plus
redouté des hommes de la Commune? — Je n'en sais
rien, mais pas assez. Si l'on m'écoutait, ils *y seraient
tous!!* »

En présence de ces attentats, de ces menaces, de ce
jury trié par la Commune, surveillé par son procureur, où l'assassinat allait tenir ses grands jours et
rendre ses arrêts, les avocats cherchèrent à faire leur
devoir.

Pour voir les prisonniers ordinaires, il ne fallait
qu'un peu de persévérance. Il fallait traverser les tribus
armées qui campaient dans les couloirs de la *sûreté*,
escalader des groupes d'enfants endormis, de femmes
assoupies et d'hommes assouvis, et, au milieu des
tonneaux, des brocs et des bouteilles, pénétrer jusqu'à
quelque fonctionnaire important.

Mais pour voir les prêtres on se heurtait à des résistances presque invincibles et l'on pouvait courir
quelques dangers.

Malgré ces obstacles, plusieurs de ces saints prêtres,
avant de mourir, ont pu voir un visage ami, serrer une

main dévouée, entendre des paroles d'encouragement
et d'espoir, et recevoir d'une bouche profane ces con-
solations que tant de fois ils avaient portées aux âmes
voisines de la mort. La veille de sa chute, la Commune
avait résolu de les faire juger, et de toutes parts des
citoyens courageux s'offraient pour les défendre[1].
Hélas! ils ne devaient avoir ni juges, ni défenseurs;
mais il leur est resté parmi vous un témoin pour attester leur courage, la sérénité de leurs derniers en-
tretiens, l'émotion avec laquelle, s'oubliant eux-
mêmes ils parlaient des douleurs de la patrie; et pour
dire que, près de paraître devant Dieu, ils élevaient
vers lui leur pensée et le priaient pour leurs bourreaux.

Messieurs, en massacrant ces victimes, la Commune
n'avait pas accompli toutes ses menaces; elle n'était
pas au bout de tous ses crimes. Longtemps à l'avance,
elle avait annoncé la mort des otages; on ne l'avait pas
crue. Elle avait annoncé qu'elle brûlerait Paris; on ne
l'avait pas crue encore. Vous savez comment elle a tenu
sa parole. Dans cette dure sentence, le Palais était justement condamné. Ce n'était pas seulement, dans le
passé, la demeure de nos anciens rois, le siège de l'unité
nationale, l'un des foyers les plus brillants de la civi-

---

1. Parmi les hommes étrangers au Barreau, qui devaient concourir
avec lui à la défense des otages, il faut citer au premier rang, M. Ploux
et M. Ed. de Pressensé.

lisation et du génie de la France. Au cours du temps,
ce vieux Palais était devenu, pour Paris, le centre de
la vie civile et l'asile inviolable où le droit de chacun
trouvait sa charte, ses preuves et ses sûretés. Dans
ses réduits obscurs, dans ses greffes poudreux, il cachait un trésor : les parchemins, les blasons et les ar-
chives de cette société maudite que l'on s'était promis
d'anéantir sans retour. Il fallait que tout pérît : les
contrats, les jugements, les titres d'hérédité, ces lois
volontaires qui nous gouvernent et qui nous lient;
tout, jusqu'à nos noms, jusqu'à nos antiquités domestiques, jusqu'à ces actes sacrés que les générations se
transmettent l'une à l'autre, comme le seul témoignage
durable de leur passage d'un jour sur cette terre.

La salle des Pas-Perdus, que l'Europe entière connaissait, est tombée dans cet immense brasier, cou-
vrant de ses décombres la place où fut la Table de
marbre, et où se pressaient les plus anciens souvenirs
de notre histoire. Vous avez vu là l'effrayant chef-
d'œuvre que le génie du mal a su faire : les voûtes
déchirées, ouvertes sur le ciel; ces fers gigantesques
tordus dans la fournaise; les dalles soulevées par l'incendie et se heurtant en tumulte; les statues mu-
tilées; les murailles dorées par les flammes, comme
sont dorés par le soleil de la Grèce les marbres
du Parthénon; ces colonnes rugueuses, rongées
et ciselées par le feu, comme des arbres qu'a

broutés la dent des troupeaux... Et au fond de la
scène, éclairé par un brusque rayon de lumière, ce
bas-relief étrange : la Justice impassible, l'immuable
Thémis tenant la balance, appuyée sur le glaive et
regardant les coupables. — Mais déjà cette vision
s'est évanouie; l'apparition vengeresse est rentrée
dans l'ombre ; et ces ruines mêmes ont péri..... *Etiam
periere ruinæ!*

Messieurs, dans ce grand désastre, nous n'avons
point été épargnés. Vous voyez ce qui reste de notre
antique héritage. La salle du Conseil s'est effondrée
dans les flammes. Les bustes de Paillet et de Marie,
qui semblaient présider encore aux délibérations de
vos anciens, ne sont plus que des débris informes;
16 000 volumes de notre bibliothèque sont brûlés, les
deux tiers de nos richesses! nos livres d'étude, les
compagnons, les maîtres de nos jeunes années ! Si
tout n'a pas péri, vous le devez au courage du gardien
fidèle auquel ce précieux dépôt était depuis longtemps
confié [1]. Et si une partie de nos pertes peut être un
jour réparée, vous le devrez à la générosité de ces
amis du Barreau qui viennent à nous, de toutes parts,
les mains pleines de largesses. Qu'ils reçoivent ici,
tous ensemble, le témoignage de notre profonde reconnaissance.

La Sainte–Chapelle, restée seule debout et intacte

1. M. Nicolas Boucher.

dans un cercle de feu, a recueilli, comme un lieu d'asile, les épaves de notre ruine. C'est là que, pendant l'incendie, nos livres étaient jetés pêle-mêle. C'est là qu'un jour vous auriez pu voir un de vos anciens emportant dans ses bras le buste classique de Gerbier; trébuchant à travers les escaliers, les poutres et les cordages, et déposant enfin son fardeau sacré loin du danger, au fond du sanctuaire. Le moment ne prêtait guère aux réminiscences poétiques. Mais comme c'est un rêveur, à chaque pas, il songeait, sans pouvoir s'en défendre, au pieux Énée emportant sur ses épaules, dans la nuit fatale d'Ilion, le vieil Anchise et ses dieux domestiques.

Maintenant, Messieurs, nous voici réunis dans nos ruines, cherchant nos livres détruits, nos souvenirs brisés, nos traditions chancelantes, nos amis dispersés; nous cherchant nous-mêmes au fond de cet abîme de maux. Reprenons d'abord au passé tout ce qu'il peut nous rendre. Redemandons à la mort ceux d'entre nous qu'elle a frappés, et, pour un instant, faisons-les revivre.

Quels qu'aient été leur mérite, leurs vertus ou leur grandeur; quels que soient les rangs que la destinée leur ait assignés ici-bas, il en est auxquels appartient aujourd'hui sans partage la première place dans notre deuil et dans nos cœurs. Je nomme, avant tous

les autres, ceux qui sont tombés pendant la guerre
en combattant pour leur pays.

Gaston de Romance, officier dans la garde mobile,
tué à la citadelle de Laon, le 9 septembre 1870;

Gustave Hanaire, officier dans la garde mobile,
tué à la défense de Dijon, le 30 octobre;

Émile Langle, soldat dans la garde mobile, mort au
mois de décembre, à l'armée de la Loire;

Raoul Lacours soldat au 3ᵉ régiment des zouaves,
tué à la bataille de Villiers, le 2 décembre;

Hippolyte de Boisset, soldat à la 2ᵉ légion du Rhône,
tué au combat d'Héricourt, le 16 janvier;

Marie-Joseph Duponchel, soldat au 4ᵉ régiment des
zouaves, tué à Montretout, le 19 janvier;

Léon Guillard, garde au 116ᵉ bataillon de marche,
tué à Buzenval le 19 janvier;

Jacques Pinon, sergent-major au 38ᵉ régiment, tué
à Buzenval, le 19 janvier.

Au nom du Barreau de Paris, au nom de tous les
Barreaux de France, je salue avec respect ces jeunes
morts et je leur adresse un dernier adieu. Ils sont
morts pour la patrie. Leur mémoire s'offenserait d'une
autre louange.

Tout en frappant ainsi les plus vaillants et les plus jeunes, la mort poursuivait loin des combats sa tâche accoutumée; et à son jour, à son heure, sans oublier personne, elle allait chercher, au sein de leurs retraites tranquilles, ceux dont l'heure et le jour étaient venus. Nous avons vu disparaître tour à tour des vieillards modestes qui semblaient être les survivants d'un autre âge : M. Estienne, notre doyen, MM⁽ᶜˢ⁾ Pelletier, Wentz, Maugras, Bonjour; Gauthier-Lachapelle, qui a tenu au palais une place distinguée; Nagel, cette ombre discrète de Paillet; Tanc, un homme de cœur, que l'adversité a usé, mais qu'elle n'a jamais vaincu.

Puis des confrères plus jeunes, mêlés de plus près à nos générations: Mabire, Grillet; Léon Moullin, un curieux, un chercheur, un nomade intelligent qui n'a jamais fait que nous quitter, mais qui pensait à nous au bout du monde: Alexis de Pomereu; Édouard Caumartin, si brillant, si aimé, si aimable, dont le nom réveille pour nous les souvenirs lointains de notre jeunesse. Ce pauvre Meunier, que, lui aussi, les années semblaient oublier; un esprit juste, un brave cœur, un avocat excellent, tranquille, qui tenait pour ce qu'ils valent les honneurs et les affaires, et qui laissait aller la vie avec une si honnête et si charmante nonchalance; un de ces hommes dont parle le cardinal de Retz, « qui ne remplissent pas tout leur

mérite. » Delasalle, qui allait passer au premier rang ;
un des hommes les mieux nés pour le Barreau, sérieux,
ardent, habile, avec une volonté qui s'acharnait ;
sachant le droit, les affaires, et le monde ; un avocat
presque accompli et qui avait à peine quarante ans.
Lanne, enlevé, au seuil même de la jeunesse, par un
accident terrible, Chevreau, Rodrigues, que les hasards
de la vie avaient éloigné de nous et nous avaient ramené tour à tour, et qui est mort au moment où il
allait reprendre ici le rang que déjà lui avait assuré
son mérite. — Et Salvetat! Cet esprit charmant,
cette nature élégante, énergique et frêle! Lui aussi,
nous avait quittés, mais il ne devait pas revenir !

En deux années, est-ce assez de deuils? Et combien
de fois faudra-t-il reprendre ces tables de mort qui
se rouvrent d'elles-mêmes sous ma main ?

La Cour et le Tribunal ont perdu deux magistrats
qui ne leur appartenaient pas tout entiers. C'est au
Barreau que M. Mollot avait conquis sa paisible renommée. Il a siégé longtemps au Conseil et, pareil aux
cénobites d'autrefois, qui écrivaient l'histoire de leur
couvent, il a recueilli dans des ouvrages qui resteront
populaires toutes les traditions de notre ordre. Jusque
dans ses dernières années, le vieux conseiller ne voulait être pour nous qu'un avocat. L'amour et le mal
du pays le ramenaient sans cesse dans cette salle où
nos livres eux-mêmes paraissaient le reconnaître. Là

il se sentait heureux ; son large sourire semblait s'épanouir encore ; toutes les mains serraient la sienne, et, en entendant ce nom si familier à leurs études, les jeunes gens levaient brusquement la tête. Ils regardaient passer Mollot avec une curiosité respectueuse, comme un des ancêtres du stage ; comme s'ils voyaient passer l'ombre de Boucher-d'Argis, ou M. de Riparfonds en personne.

M. Dupuich est arrivé assez tard au Barreau de Paris, mais nous l'avons aimé tout de suite comme un ami, et bientôt nous l'écoutions comme un maître. Il était si bon ! Il plaidait si bien ! avec simplicité, avec énergie, avec droiture. Il n'y a pas eu au Palais un meilleur avocat, et nulle part il n'y a eu un plus honnête homme. Son talent, sa méthode, sa connaissance parfaite du droit rappelaient Liouville ; un Liouville apaisé, moins rude et moins possédé par les affaires. Comme lui Dupuich nous a laissé un fils excellent, et ces deux noms dignement portés continueront parmi nous de nobles traditions de famille.

Enfin, il y a quelques jours à peine, la science du droit et l'École de Paris ont fait une grande perte que le Barreau a ressentie très vivement : M. Pellat est mort après une longue carrière, laissant dans la science un nom respecté, et dans la mémoire de ses élèves reconnaissants des souvenirs que le temps ne peut effacer.

C'est la tradition et l'honneur du Barreau, de recueillir, à travers les révolutions, les vaincus de tous
les partis et les naufragés de toutes les tempêtes; les
morts comme les vivants ont droit à cette libérale
hospitalité. M. Delangle n'est pas mort durant mon bâtonnat. Mais il nous a trop longtemps appartenu; son
talent a jeté sur notre profession trop d'éclat pour que
le Barreau ne fût pas en droit de me reprocher un silence contre lequel protesteraient, d'ailleurs, les souvenirs reconnaissants de ma jeunesse. M. Baroche
est mort il y a quelques mois, à l'heure où son fils
tombait glorieusement sous les murs de Paris, en
donnant à cette journée sinistre du Bourget une héroïque légende. — M. Baroche avait lutté longtemps
pour conquérir au Palais la place qui lui était due ;
mais par une juste revanche, ses derniers pas vers
la renommée furent rapides. A peine arrivait-il au
second rang, qu'on le vit paraître au premier, et jeune
encore, il était devenu le chef de ce barreau, lorsque
la révolution de 1848 fit de lui un homme politique.
Il ne me convient de suivre aucun de nous dans ces
aventures périlleuses; c'est aux portes du Palais que
je m'arrête avec vous, pour dire adieu à ceux qui
nous quittent et pour tendre la main à ceux qui re-
viennent.

Mais nous devons honorer ici tous ceux qui, à travers les violences des partis, au milieu des entraîne-

ments et des amertumes du pouvoir, gardent la mémoire d'une profession qui nous est chère, et de cette
demeure studieuse où ils ont vécu avec nous. Personne
n'était resté plus fidèle que M. Baroche à ces souvenirs
du passé. Personne, en s'éloignant d'ici, n'était resté
plus près de nous, avec plus de bienveillance et de
cordialité. Personne n'oubliait plus vite, pour nous
rendre un bon office, des ressentiments qui souvent
n'auraient pas été sans excuse. Sa porte était ouverte
à toute heure au chef de notre ordre comme aux plus
obscurs d'entre nous. Et quoique, le jour de leur
mort, ni M. Baroche, ni M. Delangle ne fussent
inscrits sur notre tableau, le barreau de Paris serait
bien ingrat, celui qui parle à cette place serait bien
coupable, si les noms de vos anciens bâtonniers ne
trouvaient pas, dans cet appel funèbre, la place d'honneur qui leur appartient.

Messieurs, voilà bien des noms amis que vos respects et vos regrets accompagnent; il en est un pourtant que vous attendez encore, et auquel, en vous
rappelant tous les autres, je n'ai cessé de penser avec
vous. Le souvenir de M. Marie se mêle, malgré nous,
à tous ces souvenirs. Il les domine sans les effacer, et
il n'est pas un de vous qui n'ait en ce moment devant
les yeux son image.

M. Marie a été l'un des grands avocats de notre
temps. D'autres ont eu au Palais un emploi plus actif; il

n'aimait ni le tumulte des audiences, ni la précipita-
tion des causes vulgaires ; et il a toujours eu la terreur
plus que la passion de plaider. Mais il apportait dans
les débats judiciaires comme dans les orages politiques une large intelligence, une philosophie grave,
une noblesse naturelle, qui donnaient à sa parole une
autorité partout respectée, et à son sujet, quel qu'il
fût, une singulière grandeur.

Avec des opinions et des idées qui sont restées longtemps jeunes, c'était un homme de l'ancien régime
et un avocat de l'ancien temps. A voir sa haute taille,
son geste énergique, cette tête antique, fine et déga-
gée, ce regard plein de jeunesse, ce visage imberbe
fouillé par l'âge et par l'étude ; ces traits austères ; à
entendre cette voix émue, fatiguée, solennelle ; à suivre les plis de la robe obéissant avec harmonie à l'action de l'orateur, il semblait que ce fût un vieux Romain des beaux temps de Rome, — un sénateur et
non un tribun, — envoyé par les dieux pour nous
faire aimer la République.

Ce républicain était l'ami le plus fidèle de Berryer.
Pendant 40 ans, ils ont vécu l'un près de l'autre, dans
la même maison ; et la simplicité de cette illustre demeure faisait honte au luxe insensé qu'affichaient tant
de petites gens.

M. Marie avait le goût de tous les arts honnêtes

4..

qui charment la vie. Il aimait la poésie, cette autre
éloquence ; les tableaux et les statues, comme Cicéron ;
la musique surtout avec passion, avec l'enthousiasme
d'un artiste et la docilité d'un heureux père. Dans ces
dernières années, — quand il valait la peine de vivre,
— c'était un plaisir, les jours de repos, de rencontrer
ce grand vieillard et cette jeune femme marchant d'un
pas léger, souriant tous les deux, tous les deux fiers
l'un de l'autre, allant à leur fête accoutumée, et se
hâtant comme s'ils avaient peur de faire attendre
Beethoven et Mozart.

Dans quelques jours, Marie revivra devant vous
tout entier. Vous entendrez l'histoire de sa vie si pure,
racontée, comme il convient à sa mémoire, par un de
ces jeunes gens qu'il a tant aimés, et auxquels il
aurait, dans ces jours d'épreuves, donné de si haut de
si sages leçons.

C'est lui, Messieurs, qui aurait su vous encourager
et vous instruire. C'est lui qui aurait pu vous montrer,
par son exemple, ce que c'est que la conscience, le
patriotisme et le devoir.

C'est lui qui vous aurait dit qu'au-dessus de nos
ambitions et de nos honneurs d'un jour, il y a un grand
témoin vers lequel il faut relever sans cesse nos intelligences et nos cœurs; qu'au milieu des agitations vulgaires de la vie, il faut avoir au-dedans de vous une

idée, une croyance, une idole — qui ne soit pas vous-
même, — une lumière secrète qui éclaire et féconde
tous vos travaux.

Il vous aurait enseigné que l'amour de la patrie
n'est ni la superstition d'une secte, ni le mot d'ordre
d'un parti, ni le lieu commun d'une école, mais la loi
même de notre race et l'amour qui donne la vie à tous
les autres. Il vous aurait montré, mieux que personne,
l'ingratitude des partis politiques et les désillusions
amères qui suivent les courtes joies de la popularité ;
mais à travers nos folies et nos malheurs, il vous aurait
dit qu'il ne faut ni désespérer de l'avenir, ni vous
décourager de la France, et qu'après l'avoir bien servie pendant la guerre, il faut comprendre avec elle la
leçon et les humiliations de la paix.

Non ! nos ennemis ne sont ni meilleurs que nous,
ni plus purs. Cette corruption dont leurs lourdes railleries nous accusent, elle est dans leur sang comme
dans le nôtre. Leurs vices nous ont pénétrés avant que
leurs armes nous aient envahis ; et il est plus d'un
crime qui, sans leur exemple, n'aurait pas déshonoré
notre histoire. Mais il nous ont vaincus avec trois
mots dont ils ont fait vingt victoires : l'ordre, la patience et le respect.

L'ordre ; la patience ; le respect ; voilà ce qu'il vous
faut apprendre ici. Notre société tout entière est sor-

tie du devoir; il faut qu'elle y retourne. Chacun dans
ce pays a quitté sa place; il faut que chacun la
reprenne. Les mots de notre vieille langue ont perdu
leur sens; il faut qu'ils le retrouvent. A peine sait-on,
dans le chaos de barbarismes et de sophismes où nous
sommes perdus, ce qui s'appelle le bien et ce qui s'appelle le mal; tous les vices prennent le nom de toutes
les vertus; devant ces ruines qui fument encore, on
demande ce que c'est que le crime, et il n'est pas jusqu'au meurtrier qui ne prétende juger la justice. Il
est temps que cela cesse; que nous parlions enfin le
français d'autrefois, et que nous disions avec notre
grand ancêtre Pasquier, qui, lui aussi, vivait dans des
jours de démence : « Or ça, je n'y sçais point tant de
détours; je suis de ceux qui appellent pain ce qui est
pain, et vin ce qui est vin... »

Nous sommes des impatients; il faut que nous sa-
chions attendre. Il faut que la jeunesse attende l'âge
d'homme pour prendre la robe virile, et qu'elle sache
ce que c'est que la République avant de s'enhardir à
la gouverner.

Nous sommes des insoumis; le besoin de parler et
la fureur de reprendre rendent le commandement
impossible. Il n'est pas un nom illustre qui n'ait été
avili par nos sarcasmes, pas un homme utile que nos
railleries n'aient mis hors d'usage en quelques jours;
et le sûr moyen d'obtenir la popularité, c'est de déni-

grer avec furie tout ce qui devrait être populaire.
Jeunes gens, il faut que vous appreniez le respect :
le respect de l'âge, du talent, des services rendus au
pays ; mais, avant tout, le respect de la loi, sans lequel vous n'aurez ni monarchie, ni république, mais
des dictateurs, jusqu'à ce que vous demandiez un
despote.

Voilà ce que tout le passé vous enseigne, et ce que
tant de révolutions ont écrit sur les ruines de ce Palais. Voilà ce que Marie vous aurait su faire entendre,
et ce que je suis bien hardi de vous dire à sa place.
— Mais ne pensez pas à celui qui vous a parlé, ni s'il
a bien dit, ni s'il a mal dit... Qu'importe ? — Voyez
si, dans ce discours tel qu'il est, vous pouvez trouver
des sujets de réflexions profitables. N'y cherchez rien
de nouveau; nous savons où nous ont conduits les
nouveautés et les aventures. Quand on a vu jusqu'où
mènent les routes par où l'on s'égare, le plus sûr est
de revenir au grand chemin, aux traditions, aux lieux
communs et aux proverbes. C'est là qu'en toute occasion je m'efforcerai de vous ramener. J'aurais dû peut-
être, aujourd'hui, ne vous parler que de nos affaires,
de notre état et de vos études. Mais, dans les temps
où nous vivons, il n'est pas inutile de vous montrer
que, pour devenir de bons avocats, il faut être
d'abord des hommes et des citoyens.

PARIS. — TYPOGRAPHIE A. LAHURE
9, Rue de Fleurus, 9